We Love Hokkaido!

全新
修訂版

北海道
的幸福休日

改版序

讓自己的心比北海道更大、更廣

在有點意外的情況下，出版社跟我說，北海道的書要改版了。

「應該連日本人自己，都沒幾個人好好玩遍北海道吧？」一直以為，北海道很大，大得超乎所有人想像。即使是改版，就算再補充了不少資訊，北海道能介紹的事情、路線、景點，其實還是很多、很多。

時代在變，旅行的方式也跟著大幅改變。記得二十年前開始在日本自助旅行時，沒有網路、沒有智慧手機，也沒有APP、網路懶人包可參考。可是我那時覺得好自由、好自在，旅行可以好天馬行空。可是，自從網路發達了之後，發現很多人反而不知不覺地只去網路上介紹的景點、餐廳，甚至只去網路上介紹的路線。

「旅行應該可以是很多元、很不一樣、很個人的。」

這幾年，我慢慢從旅遊部落客、旅遊作家，轉型為以「傑利帶路」之名的資深領隊、品牌創辦人。我開發了不少「獨家」的旅行團，包括半自助的「深度之旅」「主題之旅」「四季之旅」「健行之旅」，路線包括京都、北海道、奧入瀨溪、日本東北，甚至還遠征到瑞士的阿爾卑斯山。

為人帶路、為團員服務的同時，我鼓勵更多人去走自己喜歡的路線，用自己的方式去旅行（包括自助旅行、自由行、自駕遊），同時找到自己喜愛的旅遊方式、主題、城鎮與季節。這也是為何北海道一書再次改版的緣由。

「旅行可以很深度、自由、歡樂的。」

這是我的創業理念，也是我不斷鼓勵大家去旅行的核心概念。

北海道有四季不同的面貌、不同的魅力，能讓人從事不同的活動與旅行。有夏日富良野的薰衣草、美瑛花海、冬日的賞雪、看流冰、滑雪，甚至秋季也能賞楓；有道東、道南、道央、道北不同的生態，以及動物、人文面貌；還有網走、羅臼、知床半島、釧路等神祕又遙遠的國度；最適合展開怎樣搭乘都好有味道的北海道鐵道之旅。

純樸、自然、原始、沒太多觀光客、沒太商業化的氣息，是北海道最吸引我的地方。

唯有如此，才能讓我暫時脫離擁擠吵雜的大城市、丟下繁重的工作，找到難得的自在、寧靜、喜樂與一個人旅行的幸福感。讓身心得以被療癒，獲得充實的能量與活力。

「心有多大、世界就有多大。世界多大，心就應該有多大。」

這是曾經出現在我書中的一段話，這次也想再次引用這段話，期許每個人都能擁有不一樣的北海道之旅、找到自己的最愛。

讓自己的心比北海道更大、更廣、有更多無限可能吧！

Jerry 傑利

CONTENTS 目錄

Part 3 · 10大必嚐好味

北海道的幸福休日
HOKKAIDO

北海道周遊點

拼圖之路、景觀之路
白金青池
洋食、玉蜀黍、馬鈴薯等時蔬

賞流冰、海鳥

北狐牧場　　賞芝櫻　　賞流冰、泡湯

賞芝櫻　　搭流冰碎冰船　　●羅臼

小樽運河、倉庫區　　　　　　　　　　　　　　　　●瀧上公園　　●網走　　●知床半島
小樽老街
小樽雪燈之路　　　　　旭山動物園　　　　北見　　●東藻琴公園
小樽啤酒　　　　　　　旭川冬之祭　　　　　　　　　　　　●野付半島
海鮮丼、傳統壽司、迴轉壽司　　　　　　　　●層雲峽　　屈斜路湖●　　●摩周湖
洋菓子等伴手禮　　　　旭川●　　　　　　　　●阿寒湖
　　　　　　　　　　　　　　●美瑛　　　　　　　　　　賞火山口湖
●小樽　　　　　　　　　　　　　　　　冰瀑季　　●釧路
　　●札幌　　　　　　●富良野
　　　　　　　　　　　　　　　　和商市場勝手丼　　賞天鵝、泡湯
　　●新千歲機場　　　　　　　鶴見台賞丹頂鶴
　　　　　　　　　　　　　　可搭 SL 冬之濕原號　　冬華美冰上嘉年華、泡湯

北海道大學
札幌雪祭
●大沼公園　　　　札幌啤酒公園
●函館　　　　　　札幌夏日啤酒節　　　富田農場
　　　　　　　　札幌拉麵共和國　　　森之時計、風之花園
　　　　　　　　成吉思汗烤羊肉　　　滑雪場
　　　　　　　　湯咖哩　　　　　　　洋食、哈密瓜等水果
　　　　　　　　　　　　　　　　　可搭薰衣草特急、紅葉特急、Norokko 慢車號

五稜郭
路面電車
函館山夜景
元町區、元町教會區
函館朝市海鮮、海鮮丼
鹽味拉麵、咖哩

超人氣7大攻略。

冬日滑雪之旅。

時光飛逝，從25歲第一回踏上日本開始旅行，轉眼間已經在日本旅行20年了。如果說，這20年在日本旅行有什麼「意外的驚喜」？「滑雪」對我而言，應該算是目前喜愛到無法自拔的「另類旅行」與「主題旅行」了。

如果跟我相同，覺得蜻蜓點水、走馬看花的「一般」日本旅行無法滿足你，就建議來北海道滑雪，造訪有「日本滑雪天堂」「粉雪天堂」美譽的北海道。滑雪讓我重新認識了日本的山岳、體驗了日本的冬日，也了解自己能以更多不同的方式去面對大地、享受大自然。這也是為何我在日本滑了七年的雪，每年都要再來日本滑雪的原因。

北海道的幸福休日
HOKKAIDO

滑雪時，世界變得單純簡單，反而充滿無窮魅力。

這幾年，台灣的滑雪人口越來越多，有急速成長的趨勢。前往日本滑雪，可分為「跟專業滑雪團」（每團有聘請專業的滑雪教練、分組小班教學）和「自由行」兩種（建議最好有中級「紅線」程度且自己有行動能力的人）。至於在北海道如果以雪場品質（雪質好壞）、雪場難易度和交通方便性而言，富良野、二世古滑雪場是我想要推薦的地方。

粉雪天堂：富良野／二世古

富良野滑雪場由日本王子飯店集團直營，位於有「粉雪天堂」稱譽的的北海道中心，雪質乾爽，不管是滑雪新手或初學者都超愛。從札幌到富良野雪場搭車約2個半小時車程（也可搭JR到旭川，再轉當地巴士到富良野新王子飯店）。這裡是日本前十大雪場之一，也是北海道排名前三位的滑雪場。富良野滑雪場有9座纜車和23條滑道，這裡初、中級滑道較多，加上Ski in/Ski out的方便性，非常適合初學者與親子、家族一同前來滑雪。

適合中高階滑雪者的天堂，尤其是深受國際滑雪者喜愛，非常國際化的雪場，則是另一個北海道「粉雪天堂」可邊滑雪、邊看著美麗羊蹄山的二世古（ニセコ／Niseko）。二世古的交通也相當便利，出新千歲機場就有直達雪場的巴士公司可供選擇，路程約2個半小時，當地食宿、交通、雪具租借、教學等滑雪周邊服務應有盡有，而且還有完善的英文資訊。唯一缺點是因為外國人太多，這幾年住宿費用漲得兇，加上北海道機票的票價原本就不低，在這裡滑雪的預算會比在日本本島滑雪要多上不少。

二世古的主要雪場不像富良野單一，有安努普利（アンヌプリ／Annupuri）、比羅夫（ひらふ／Hirafu）、Niseko Village與Hanazono等地，其中以比羅夫最大，但人也最多；旺季時，常常連現場買個雪票都得排隊，所以有些住宿地點、度假村會提供雪票代購服務。過去，由於澳洲人很早就來這裡發展，所以二世古外國觀光客的比率相當高，吃飯時間一到雪場餐廳便擠滿了外國人面孔，往往有種讓人忘了自己置身在日本的氣氛。不過也因為這樣，雪場餐廳的西方食物口味很不賴，例如HANAZONO 308餐廳和比羅夫山上的Rest House Ace Hill（レストハウス エースヒル）的漢堡都令人相當難忘啊！

DATA

■Niseko Village
網址：http://www.niseko-village.com/ja/

■HANAZONO 308
營業時間：咖啡9:00～17:00(OS)；餐廳10:00～15:00(OS)
網址：http://www.grand-hirafu.jp/winter/restaurant/hanazono308.html

■Rest House Ace Hill
營業時間：10:00～15:30(OS)
網址：http://www.grand-hirafu.jp/winter/restaurant/ace-hill.html

北海道冬日滑雪5日之旅（地點：富良野滑雪場）

第1日　桃園機場 → 新千歲機場 → 富良野新王子飯店／富良野滑雪場

出了機場，如果是跟著滑雪團，通常都會有專屬的遊覽車直接載你抵達飯店。今天最重要的是在滑雪教練的帶領下，試穿所有的滑雪裝備，包括滑雪雪衣、雪褲、雪鞋、雪板、安全帽等裝備。

一般而言，雪衣、雪褲、雪鞋、雪板、安全帽租借費用通常包含在滑雪團團費內，學員必須要自備護目鏡、手套、脖圍、雪襪等裝備。確定自己的裝備和尺寸是合適的之後，再將裝備放置在飯店的滑雪裝備置物櫃中，完成第一天的前置作業。今天一天下來，因為初學者緊張的關係與對滑雪動作的不熟悉，你一定會全身痠痛不已，建議要好好泡個溫泉，早點休息，繼續迎接第二天正式的滑雪行程。

第2日　富良野滑雪場一整天（滑雪時間9:00～16:00，中間休息1.5小時至2小時）

■新手上路・安全第一

早上教練會先依據學員程度做分組教學，每班通常8至10人。分組完畢會各自帶開，通常教練會建議小學一年級以上才能參加滑雪課程，小學三年級以下需家長陪同上課。

第一天的主要教學包括：穿脫雪鞋、在雪地中穿脫雪板、安全跌倒、跌倒後安全起身、在雪地（平地）安全行走、在坡地利用「橫登法」（側登法）登坡上行、開始練習直滑（全制動滑行）與煞車（全制動煞車）。

如果一切順利，教練會將學員帶上纜車，練習穿著雪板上下纜車。然後，開始在初級雪道（綠線）上練習全制動滑行、煞車、全制動左、右轉等初級滑雪技巧。

第3日　富良野滑雪場一整天

■慢慢上手、練習再練習

今天要繼續複習昨日的練習，包括直滑（全制動滑行）、煞車（全制動煞車）與全制動左、右轉。安全起見，必須務實、全力做到煞車動作（全制動煞車），同時也要練習控制自己的速度與左、右轉的角度、行進方向。如果一切順利，教練會帶到斜度比較大的初級雪道，讓學員慢慢熟悉不同坡度的雪道狀況。

第4日　富良野滑雪場一整天

■好好驗收成果

經過了兩天的特訓，今天（第三日）就是驗收成果的日子。如果順利，到今天學員應該已經掌握到直滑、左右轉、煞車的基本技巧了。如果可以，教練會讓學員有更多的時間在初級雪道（綠線）上自由滑行。今天的重點是控制速度，安全第一。大部分的學員應該會開始愛上滑雪、慢慢了解滑雪的無窮樂趣了。下午4點結束滑雪之後，把滑雪裝備歸還給雪場或飯店的租用中心，晚上開始打包行李。

第5日　富良野滑雪場 → 札幌 → 桃園機場

依依不捨告別雪場、告別北海道，期待明年再來滑雪、再與北海道相逢囉！

冬日賞雪、冰瀑、流冰之旅。

如果覺得北海道滑雪活動太刺激、太辛苦、難度太高、有年齡限制（建議在6至60歲），可嘗試看看到北海道看雪、賞雪、玩雪、參加雪祭、看冰雕展，甚至還有在台灣聽都沒聽過的冰瀑、流冰、雪燈之路等活動。北海道冬季，真的比你想像還好玩，還要熱鬧滾滾！

幾年前，我曾經規劃過幾回的北海道冬日之旅，雖然這兩年因為迷上日本滑雪的緣故，轉而帶人去日本滑雪，不過藉此機會，還是大方地分享出來，讓大家可以盡情體驗北海道冬日的不同風貌與更多旅遊樂趣！

北海道的幸福休日
HOKKAIDO

北海道熱鬧的雪祭、雪燈（三大雪祭）＋網走流冰5日之旅

第1日 桃園機場 → 旭川空港（或新千歲機場）→（開車30分鐘）旭山動物園 →（開車1小時）層雲峽

今日搭機直接抵達北海道旭川機場（搭機至新千歲機場也可，只是可能就要在另外找時間前往旭山動物園），抵達旭川後馬上租車，直接前往旭山動物園。這裡是日本最北端的動物園，在北海道不但人氣高，2006年夏天竟然還超越了有「熊貓」加持的東京上野動物園，成為日本人氣最高的動物園之一。當中的北極熊、海豹，還有造型滑稽逗趣的國王企鵝都是園方的「人氣動物」。每天讓企鵝出來散步一到兩次，歷時30分鐘的「企鵝散步秀」是目前最高人氣、擠得水洩不通的超熱門活動。遊客可以近距離欣賞企鵝彷彿是閱兵、分列式的走路姿態，搖搖擺擺、滑稽又逗趣。

傍晚來到層雲峽，這裡有我非常推薦的層雲峽「冰瀑祭」，特殊的是：參觀時間是在入夜之後。層雲峽的瀑布在冬日時會結凍成冰，形成巨大的「冰瀑」，景觀奇特，有如來到另一個星球的奇幻世界。冰瀑季從每年一月下旬至三月下旬，當地居民會在石狩川近一萬平方公尺的廣闊河床上，打造各式各樣的冰製建築，包括冰柱、冰隧道等相當新奇有趣，而且對大多數人而言，這景色應該未曾體驗過。除了層雲峽的冰瀑之外，冬日夜晚千萬別忘了泡個熱呼呼的溫泉，好好放鬆一番。

第2日 層雲峽 →（開車2.5小時）網走（搭乘網走流冰船）→（1.5小時）摩周湖 →（遊覽車0.5小時）→ 屈斜路湖 → 阿寒湖

如果問我，北海道冬季之旅不可錯過的是什麼？應該是北海道鄂霍次克海的「流冰」體驗吧！流冰奇景帶來的震撼，一輩子都難以忘懷！北海道流冰的「最佳觀賞期」在每年1到3月間，以紋別、網走、知床、羅臼四個「道東」之地為主。在網走搭乘「Aurora極光號」大型碎冰船出海最為普遍（每天有固定班次，務必上網查詢時間），看那大大小小的浮冰漂在鄂霍次克海上，就像水晶玻璃碎裂成千萬片，布滿在海面，美得令人心碎。

下午前往摩周湖。摩周湖在道東是出了名的火山口湖，四季皆美，但我個人獨愛冬日的摩周湖，因為比起夏季，更顯得清麗脫俗、人間仙境。這也難怪摩周湖在當地愛努語之中，被稱為神之湖（KAMUITO）。摩周湖在7000年前因火山爆發、火山口破裂

而形成火山口湖。

摩周湖、屈斜路湖、阿寒湖被稱為道東三湖。屈斜路湖有一小部分湖面因為火山地熱關係，不會全部結凍，所以每年可以吸引好幾百隻的白天鵝到此過冬，也是此地的特殊景象。

阿寒湖每年的「冬華美」期間是在2月初至3月中，晚間7點半一到，身穿愛奴族（北海道原住民）傳統服飾的表演者，會持著火把，跳著愛努族舞蹈；最後會在結冰的阿寒湖上，施放美麗的煙火，這是阿寒湖冬日活動的小高潮。放完煙火，記得要回飯店泡露天湯，這裡泡湯的景致絕美。

夜裡可入住阿寒湖湖畔，這裡有不少飯店的露天風呂（露天溫泉）可直接眺望冬日阿寒湖的壯觀湖景、相當震撼。除了晚上之外，建議務必要選擇在白天再來好好泡上一番，將湖光山色盡收眼底。此處是我心中北海道泡湯的五星級景點，在忙都要挪出時間好好享受啊！

第3日　阿寒湖半日遊 →（開車5小時）札幌 → 札幌雪祭

阿寒湖是阿寒國立公園的一部分，早在1934年就已成立，因雄阿寒岳火山活動而形成的堰塞湖；至於阿寒湖的冬季，是超乎想像得熱鬧。從每年一月開始，遊客可以在凍結的湖面，參加各項好玩的冰上娛樂，人氣最高的應該是包括「冰上摩托車」、「冰上垂釣」、「冰上香蕉船」等活動，我強烈推薦的是「冰上摩托車」！它有四種不同的行程，在天氣晴朗時，在雪白的冰面上騎著冰上（雪地）摩托車飛馳，絕對是此生應該要好好體驗的一件快事啊！

最後來到已經辦了超過60回（60年）的札幌雪祭，這當然又是這趟北海道冬日之旅的重頭戲。札幌每年2月會舉辦為期一周的雪祭，且每年都會吸引200萬名以上的遊客湧入。祭典會場共有三處，包括大通公園會場（雪雕為主）、薄野會場（冰雕為主）和TSUDOMU巨蛋會場（雪上遊樂活動）。來到此處，等於正式宣告每年的北海道雪季正式展開。

第4日　札幌 → 札幌北海道大學 → 札幌駅 → （火車40分鐘）→ 小樽（第16回小樽雪燈之路）→ 札幌

早上可前往我最愛的札幌北海道大學散步、觀賞雪景，約中午搭乘JR前往小樽。今天的重頭戲是日落之後的小樽雪燈之路，就浪漫指數而言，小樽雪燈之路是我心目中最浪漫的北海道賞雪活動，也列為「極力推薦」的冬日活動樣本。

相較於名氣最大、由官方策辦、以大型冰雕、雪雕為主的札幌雪祭，小樽市民與志工合作的各種雪燈，搭配手工製作的飾品與燈光，早已成為北海道城市中獨一無二，比較沒有商業氣息的作品。前來參觀的人次每年預估超過50萬，這裡有14萬盞雪燈聚集，讓來到小樽的人，每人都能度過一個浪漫的雪燈之夜。逛完雪燈之路、拍完小樽運河夜景後，別忘了花點時間走到運河後方的倉庫區，去看看昔日倉庫如今變成啤酒工廠和食堂的小樽倉庫No.1。除了小樽運河外，倉庫改裝成的啤酒工廠也很有看頭。

第5日　札幌 → 札幌新千歲機場/桃園機場

一早在飯店附近自由活動，逛街購物皆可，隨後再出發至機場。依依不捨地結束北海道的冬日假期。

夏日薰衣草之旅。

如果說，什麼行程是我在北海道這幾年最喜愛的？不能錯過的？不用多想，一定是北海道夏日的薰衣草之旅了。

因為連續好幾年帶團去南法的緣故，普羅旺斯那大片瀰漫濃郁香氣的紫色薰衣草田，總讓我有說不出的震撼與感動。難得的是，來到北海道一樣有這樣的感覺。因為，很多人不知，北海道的薰衣草可是源自於南法普羅旺斯啊！早在1937年，曾田政治從法國普羅旺斯將薰衣草帶回日本，使得富良野成為全日本第一個種植薰衣草的市鎮，到了1975年後，薰衣草成為富良野的標誌，吸引了世界各地、包括日本、台灣遊客都愛的「必遊、必看」之夏日北海道景觀。

北海道的幸福休日
HOKKAIDO

■ 行程規劃@傑利帶路

北海道夏日薰衣草7日之旅

第1日　台北 → 函館空港（函館機場）→ 函館駅（或：台北 → 新千歲機場 → 札幌 → 函館駅）

如果想在北海道夏季「順便」到從函館欣賞「此生必看」的世界三大夜景之函館夜景，就直接搭機抵達函館機場吧！（不過夏日旅客多，建議要提早預訂航班機票喔！）從函館機場要到函館駅，沒有鐵路可到達，最簡單的方法是搭乘機場巴士，約1小時一班，錯過巴士，也可搭乘當地計程車，約20分鐘可至函館駅。

函館駅周圍飯店不少，但最棒的當然是緊鄰傑利最愛的「函館朝市」（營業時間約早上6:00～17:00）。這裡有超過280家店家聚集，包括蟹肉、醃海膽、鮭魚卵、鮪魚、帝王蟹等各式各樣的魚貨、海鮮、北海道水果，保證人人都可大快朵頤！ 不可錯過的是「橫丁市場」內的各家食堂，可以享用到美味、新鮮、價位不貴的三色蓋飯、五色蓋飯、海膽、烏賊、帝王蟹等海鮮。

第2日　函館 → 五稜郭 → 函館朝市 → 元町灣岸區（倉庫區、領事館、教會區）→ 函館山（欣賞世界三大夜景）

今天的重點，是利用函館市電車一日券，暢遊函館幾個重要、有特色的區域。（函館市電車一日券可在函館駅內的旅客服務中心購買。）

上午可前往五稜郭公園，這裡除了具有特殊的歷史意義，也代表日本江戶時代末期由江戶幕府在蝦夷地（北海道）的箱館（函館前身）所建築的重要城郭。記得務必登上五稜郭遊客中心內的觀景台，才可以將造型美麗又特殊的「星狀」五稜郭盡收眼底。

下午可在函館著名的灣岸區、金森倉庫區、領事館區體驗不同於傳統日本老街的異國風味。傍晚的「函館夜景」是今日的超級重頭戲。建議搭乘高速空中纜車，從標高334公尺的函館山上欣賞美麗夜景，保證讓人如痴如醉、終身難忘。世界三大夜景的稱號，絕對不是浪得虛名！特別提醒大家，記得在日落的前一小時就先抵達函館山上的觀景台，因為對我而言，這裡的夕陽落日美景也是跟夜景一樣，不可錯過的啊！

第3日　函館駅 → 大沼國家公園 → 札幌駅

一早可在函館駅搭乘JR（北海道鐵路），約40分鐘後在大沼公園駅下車，就可來到風景優美、生態美麗的大沼國家公園。你可選擇用步行、租自行車，甚至搭遊船的方式來體會大沼豐富的生態美景。

我個人最喜歡的方式應該是步行＋自行車兩種方法，在大沼國家公園內可選擇不同的路線來進行（建議至少在此停留2小時）。中午，還可直接在此享用著名的大沼牛牛肉蓋飯，隨後再繼續搭乘JR前往札幌駅，進行札幌市內的自由行。

第4日　札幌 → 美瑛 → 景觀之路 → 拼布之路 → 四季彩 → 美瑛青 → 富良野

其實，從札幌到美瑛、富良野，若是自由行，交通算是這一段路程中，比較複雜又辛苦的方式。我會建議直接搭乘JR到旭川駅，再從旭川租車（自駕遊）從北到南前往美瑛、富良野兩地。當然，你也可以直接搭JR到美瑛駅、富良野駅兩地，只是當地巴士班次少，銜接各地不易，非常考驗自由行、自助行旅客的功力。

抵達美瑛後，建議不要隨便租用自行車（電動自行車也一樣），因為千萬不要小看夏日中美瑛之地的太陽威力，雖然氣溫約28～30℃，可是太陽曬一整天，真的能玩到怡然自得的遊客應該也是少數。如果是自駕遊，可以很輕鬆地利用一整天，分上、下午玩遍美瑛之丘。

上午，前往美瑛的景觀之路（包括七星之樹、親子之樹等地）。下午，至更遼闊的美瑛「拼布之路」。其中，「四季彩之丘」可說是美瑛當地占地最大、花種最多的觀光農場（入園還不收門票），建議在此停留至少1、2小時。特別提醒：7、8月是美瑛花況最好的時候，如果要看到薰衣草，可在7月中至7月底前造訪。

至於美瑛青池，可說是美瑛之旅最後的「意外驚喜」。青池不大，位於北海道美瑛町白金（近白金溫泉區）的一個人工水池，稱為「白金青池」和「美瑛白金青池」，終年呈現神秘的「青色」池水，怎樣拍都美。我認為這裡最美的時刻是冬日積雪時，所以在蕭瑟的冬日前來，我也非常推薦。如果是開車，從美瑛駅過去只需要20至30分鐘（無大眾交通可到達）。

第5日　富良野 → 森の時計（富良野王子飯店）→ 富良野日之出公園
→ 富田農場 → 札幌

在富良野，有幾個地方都是我喜歡的，而且相當適合在早上遊客不多的時候前往。
「森の時計」坐落在富良野王子飯店旁的森林裡，因日本連續劇《優しい時間》（溫
柔時光）而知名。在「森の時計」的森林裡隨意走走，然後坐下來喝杯咖啡，看著窗
外的整片綠意，漸漸成為我在富良野的一個美好回憶。

因為薰衣草，富良野的日之出公園成為了這趟夏日薰衣草之旅務必造訪之地，園內的
「薰衣草發祥地」立牌，可證明這裡正是日本最早種植薰衣草之地。在7月中至下旬登
上園內最高的瞭望台（展望台），除了可盡情眺望上富良野之地，眼前還有大片、大
片的紫色薰衣草田可欣賞，一大早來此沒有太多遊客，登高望遠，相當過癮。

富田農場（Farm Tomita）則位於北海道上富良野及中富良野間，開車或搭JR慢車到
富田農場都能抵達（JR只有夏日才停靠富田農場）。這裡是富良野人氣最高的旅遊景
點，園內除了有大片薰衣草田，還有波斯菊、菊花等近100種花卉，我通常都帶團員在
此處的餐飲店用餐，還可享用北海道著名的玉米、哈密瓜等農產品。

唯一要注意的是：夏日的富田農場假日遊客眾多，請儘量避免在周末、假日前往。

第6日　札幌 → 北海道大學 → 小樽 → 札幌

對我而言，北海道大學一直是札幌市區裡，最適合漫步的地方。雖然很多人覺得北海
道大學的最美景色，應該是10月底至11月初，那是銀杏大道會轉成金黃色的時刻，但
我還是覺得，無論何時，北海道大學都是適合漫步、散步、漫遊的好地方。

至於小樽則很適合一日遊，從札幌搭乘JR前往是輕鬆又快速的方法，不但班次多、
車行時間也只要40分鐘，夏日到小樽一遊，輕鬆恢意。記得務必要品嘗小樽壽司、
海鮮、甜點、巧克力與下午茶，還有日落時刻與日落後的小樽運河（美麗夕照與夜
景），這些都是夏日之旅不可錯過的重頭戲。

第7日　札幌 → 新千歲空港

不管在日本或北海道，最後一天的行程通常都是購物、購物再購物。包括藥妝店、紀
念品店、電器店、甜點店等，趕緊趁著最後一天，把該買的東西都補齊吧！從札幌駅
到新千歲機場搭JR非常方便、班次多，車程只需40分鐘，很適合自由行者多多利用。

海鮮&甜點，幸福美食吃到飽之旅。

享受美食是很主觀、很自主的，不用在乎別人的喜好，找自己喜歡的就好，即使是一碗蓋飯、一碗拉麵、都能讓自己開心。

好山好水的北海道成就了許多天然物產，螃蟹、烏賊、海膽、扇貝、生蠔；富良野牛、知床雞、帶廣豚，幾乎各地都有代表的當地美味。更別說那高品質的乳製品了，還有數不清的北海道限量之地酒、啤酒、麥酒、葡萄酒了。說北海道是美食天堂中的天堂、老饕心中的樂園！也不為過。而且跟東京、京都、關西等地比起來，北海道的美食消費實在是物美價廉。

北海道的幸福休日 HOKKAIDO

北海道經典美食集散地：
函館、札幌、富良野

函館朝市：海鮮丼的美食天堂

不管是基於美味，還是經濟實惠，函館朝市有可能永遠會是我在北海道「美食之旅」的第一站。一到函館，二話不說，先直奔函館朝市中，最靠近函館車站的「橫丁市場」，直接來碗「五色丼」就對了。再次提醒，周末期間人潮洶湧，最好錯開用餐時間，選在11:30之前，或13:30之後。

「一花亭」、「惠比壽」、「馬子」是我最愛推薦食堂之三（在當地人氣也很高）。「馬子」的「爆漿」鮭魚卵可是橫丁市場的一絕，至今我還想不出比這裡更鮮甜、口感更佳的鮭魚卵。當然，一年四季，有不同的漁產，建議根據不同食材的產季、選擇最佳的賞味時間，如果是盛產海膽的夏季，我的第二碗海鮮丼通常會是海膽加上鮭魚卵的「黃金、紅寶石」美味組合。

「橫丁市場」的食堂從早上6點就開始營業，至下午5點左右結束。每家店舖的營業時間不同（公休日也不同），要格外注意。

小樽也有美味的海鮮丼

如果嫌函館路途遙遠，位於札幌車程40分鐘的小樽也是品嘗海鮮丼、五色丼的另一個選擇。「澤崎水產」海鮮食堂位在小樽運河旁，在「出拔小路」的老街內。「澤崎水產」的海鮮食堂在小樽算小有名氣，除了標榜「產地直送」的新鮮海鮮外，光頭社長不時出現在店裡招呼客人，應該也是出名的原因。雖然它的海鮮丼沒有函館朝市那樣便宜，可是美食當前，真的也不用太計較了！

尋找自己最愛的北海道拉麵吧！

說到日本「平民美食」不可錯過的除了「海鮮丼」，各地不同湯頭的拉麵當然是不容錯過的美味。味增拉麵是日本拉麵中湯頭最濃郁、口感最重的拉麵，而札幌又以味噌拉麵聞名全日本。要嚐到好幾家北海道的美味拉麵，最簡單的方法就是直奔札幌車站（札幌駅）ESTA大樓10樓的「札幌拉麵共和國」；不用出車站，可在ESTA1樓，搭乘直上10樓的直達電梯。

「空」及「白樺山莊」是當地最受歡迎的兩家拉麵店；兩家都以味噌拉麵著稱，不過「空」比較是適合我的「傳統」味噌拉麵。

如果不愛太濃郁的拉麵，函館鹽味拉麵「麵廚房味彩あじさい」也是我常常推薦的北海道知名拉麵之一，我常在函館金森倉庫群「美食俱樂部」的分店享用。「味彩」的湯底口味清淡，從頭品嚐到最後也不會太過油膩，四季裡不管何時，點碗鹽味拉麵都很適合。

「北海道拉麵道場」：搭機離開前，別忘了再來一碗！

除了札幌車站上方的「札幌拉麵共和國」之外，其實新千歲機場內的「北海道拉麵道場」也蒐羅了相當多北海道知名的拉麵店。這裡的「第一人氣」，首推我這兩年迷上的「一幻」拉麵。「一幻」拉麵標榜每天用新鮮甜蝦熬湯，在濃郁的拉麵湯頭中，又注入了鮮美「蝦味」，不但美味，還有強烈鮮明的口感，你很難不愛上。招牌是「味噌甜蝦」、「鹽味蝦」、「醬油甜蝦」三種風味。

除了「一幻」，這裡也有「空」、「味彩」這些我愛的拉麵名店，上飛機前二話不說，再來大口品嚐熱呼呼、湯頭濃郁的北海道拉麵吧！

札幌啤酒公園：開心地大吃大喝吧！

札幌啤酒園（サッポロビール園／Sapporo Beer Garden）對於愛喝啤酒、大口吃肉的我來說，這裡絕對是「必遊景點」。札幌啤酒園的占地相當遼闊，除了啤酒博物館之外，必嚐的就是園內的「成吉思汗烤羊肉」了！來到札幌，成吉思汗烤肉（キングバイキング）是必嚐美食，也是札幌的名物之一。在北海道體驗成吉思汗烤肉，非常推薦前往「歷史悠久、氣勢宏偉」的札幌啤酒公園內的啤酒老工廠，位在老式的磚房廠內，還有巨大的銅質啤酒釀製爐，吃吃喝喝真的超有感覺！

札幌啤酒節：來北海道就一定要「乾杯」、一定要「暢飲」啊！

連續幾年，每年七月底，我都帶著團員來到北海道，也一定會來到「札幌大通公園啤酒園」，參加全日本最大型的啤酒節。每到7月底到8月底，這裡天天人山人海，座無虛席！大通公園成為偌大的露天啤酒派對，就像德國慕尼黑啤酒節一般熱鬧。

對了！大家知道的日本啤酒大廠也都會到齊，包括札幌Sapporo啤酒、朝日啤酒、YEBISU黑啤、Kirin麒麟啤酒以及Suntory都有自己的攤位跟酒促小姐，爭奇鬥豔、熱鬧非凡！最棒的是從各式串燒到烤羊肉，每家攤位都有不同的「下酒菜」，真的是只有北海道夏日才有的「限定」享受！「限定」歡樂啊！

札幌湯咖哩：Picante人氣超高

湯咖哩早已成為北海道札幌的代表名物與特色料理，也因為融入許多異國風味與健康食材，大大受到女性消費者的青睞。小小店面的Picante湯咖哩，這幾年在北海道的人氣一直居高不下。這裡的湯咖哩標榜著有名的「知床雞」，搭配著各式野菜，濃郁的咖哩湯汁，會來這裡吃飯的人真的都是明智的。

富良野：「森之時計」裡讓人喜愛的白咖哩蘑菇飯

位於富良野王子飯店森林裡的「森之時計」，一直是我這幾年在北海道旅行時，最愛的咖啡館之一。很多人不知道，這裡的白咖哩蘑菇飯，也是會讓人回味的美食。我喜歡「森之時計」靜謐舒適的環境，在這個神祕又舒適的氣氛裡，咖哩飯的美味似乎加倍，咖哩也更香更濃了。

■ 行程規劃@傑利帶路

北海道人氣甜點集散地：小樽

LeTAO：甜點人士心目中的夢幻巧克力店

LeTAO在小樽出乎意料的有五家店鋪，總店就座落在堺町通商店街的尾端（十字路口）。LeTAO本身是專業巧克力店，有著各式各樣的美味巧克力提供客人選購。招牌巧克力「皇家山峰」的試吃絕對要嚐嚐，這可是可可亞加上大吉嶺紅茶完美結合後，所製做出來的經典巧克力。至於需要冷藏的綠色葡萄巧克力，其實也相當好吃，濃濃的巧克力加上淡淡的葡萄果香，真是別具巧思。

北菓樓—小樽本店：體驗「夢不思議」大泡芙

北菓樓、六花亭、LeTAO本店，就在小樽堺町通商店街的尾端，是所有介紹北海道甜點書籍雜誌必定推薦的知名甜點店。其中，「夢不思議」大泡芙、「妖精之森」年輪蛋糕等，都是店內的超人氣商品。「夢不思議」大泡芙有又薄又脆的泡芙皮，包覆著甜而不膩的香草奶油內餡，這真的是我這輩子吃過最好吃的泡芙，推薦給大家！

六花亭

創於1933年，前身為日本第一間白巧克力創始店「千秋庵」，在1977年將店名改為「六花亭」，取名源自於雪國北海道的雪花結晶，就像是六角形的花朵。來自十勝的六花亭，至今仍是北海道伴手禮中最受歡迎的店家。

傑利推薦 ▼ 攻略五

大人小孩都愛的生態之旅。

北海道的大自然，原始、純淨、沒太多觀光客與商業氣息。

如果一路往東，會發現人車慢慢變少，然後時不時會有動物出沒，像是不時出現狐狸、鹿群、野鴨、海鳥，甚至還有很多你意想不到的驚喜……

北海道的幸福休日
HOKKAIDO

■ 行程規劃@傑利帶路

來自道北、道東的生態感動：
旭川、北見、知床半島、釧路

旭山動物園：日本人氣最高動物園

位在旭川市的旭山動物園是日本最北端的動物園，這幾年在北海道有著高人氣，可說是日本小朋友到北海道指名必遊的地點。其中北極熊、海豹，還有造型滑稽逗趣的企鵝是園方的「人氣動物」。

為了可以近距離觀察動物的生態，旭山動物園做了許多精心設計。「北極熊館」中，遊客可從大水池裡，觀賞到北極熊戲水、游水的姿態，更能透明玻璃圓罩觀察北極熊在陸地上的模樣。「企鵝館」的海底透明隧道，可讓遊客用360°的視野來觀察四種不同種類的企鵝生態；欣賞企鵝游泳的姿態，每天讓企鵝出來散步一到兩次，歷時30分鐘的「企鵝散步秀」是目前最高人氣、擠得水洩不通的超熱門活動。旭山動物園比想像大很多，強烈建議一早就要入場，在園內吃完中餐再走。冬季的入場時間只到下午3點（參觀時間10:30～15:30），要特別注意。

北狐牧場：近距離看北海道狐狸

位在北見的北狐牧場（北きつね牧場）以野生圈養的方式，飼養銀狐、白狐、蝦夷狐等100多隻狐狸。牠們大搖大擺地四處走動，不太怕遊客，遊客有專門的步道可以像是在看著寵物般，近距離觀賞狐狸各種可愛的樣子。不過，不能觸摸，亦不可以餵食。

鶴見台：在釧路雪地裡遇見日本國寶丹頂鶴

在北海道冬日之旅中，最難得的生態之旅就是有機會看到野生的丹頂鶴。最佳的觀察地點，則集中在釧路濕原野西側的阿寒町和鶴居村，這裡有許多當地人餵食野生鶴群的餵食場，約11月到3月能近距離觀察到美麗的丹頂鶴。其中，鶴居村的鶴居伊藤丹頂鶴保護區與鶴見台等兩地是知名的餵食場與賞鶴地點。

這裡大概每年會飛來約150～200隻野生丹頂鶴，沒有圍欄與鐵網，丹頂鶴來去自如，神態優美，往往吸引了大批攝影愛好者與愛鳥人士而來。

羅臼：知床半島的流冰「快樂天堂」

除了網走，到羅臼搭乘小船出海，體驗知床半島豐富的動物生態與原始自然景觀，可算是「進階版」的流冰深入體驗，也是難得的生態體驗之旅。羅臼是個小漁港，位於知床半島東南方，只能自行租車或搭小巴到達，雖然交通不便，不過少了觀光客，卻保留了更多的原始與純樸。

知床半島在道東是相當出名的，不但被列入「世界自然遺產」，更有「日本最後一塊淨土」的美譽。夏季的「知床五湖」、「知床八景」吸引了許多日本愛好自然體驗的人來此健行、踏青，體驗純淨無人為破壞的自然生態，並與為數眾多的野生動物提供近距離的接觸，可說是怎麼都玩不完的好地方。搭乘船隻出海還可觀賞鯨魚、海豚等。北海道生態豐富，即使是冬季，流冰也會帶來浮游生物，孕育豐富的海洋生態系統。海面上除了美麗流冰外，還聚集了上千隻的白尾鷲（白尾海雕），其中還有虎頭海雕等大型猛禽，說知床半島是野生動物的樂園、快樂天堂，真的是一點也不為過！

懷舊鐵道之旅。

可能是小時候習慣跟著媽媽的關係,每當從台北搭火車到南部的外公家,那段「長途旅行」對我而言,總有一種充滿懷舊、古早的回憶,甚至是甜蜜的感覺。

可以一個人享受窗外風景、享受自己的幸福車廂與空間、安靜、舒適、不被打擾,真的很幸福。

鐵道旅行好幸福

北海道幅員很大，南北寬420公里，東西長540公里。本島面積7.8萬平方公里，是台灣面積的兩倍以上。想玩遍北海道的人，建議搭乘北海道JR會較輕鬆愜意些。

從2016年3月起，日本新幹線已經可以從東京直達北海道的函館，通車路段為「新青森駅」（青森縣青森市）經青函隧道至「新函館北斗駅」（北海道北斗市），也推出了「JR東日本・南北海道鐵路周遊券」來方便外國旅客使用，事先購買還有折扣優惠，讓你從南玩到北不是夢。不過，不知是否年歲漸長，搭乘快速新穎的新幹線前往夢想之地時，總也忍不住懷念起日本那老鐵道、老車廂，也許只有那些有著幾十年，甚至上百年歷史的老火車，才能讓我重溫兒時回憶啊！

▶ **DATA**
　□JR東日本・南北海道鐵路周遊券（JR East-South Hokkaido Rail Pass）
網址：http://www.jreasthokkaido.com/tc/

＊駅＝驛（一ㄧ），古代供傳送公文的人或往來官員換馬、暫時休息的地方；在日文中則是「鐵路車站」的意思。

珍惜吧！慢慢要成為歷史的──特急Super北斗號、特急北斗號

對於運行在道南、道央（函館到札幌）的「特急Super北斗號」（特急スーパー北斗）、「特急北斗號」（特急北斗），我越來越怕它們消失。尤其是2015年3月夜行在上野和札幌之間的臥鋪列車「北斗星」結束營運後，隨著日本新幹線也即將通車到札幌，我更加擔心之後可能連「特急Super北斗號」和「特急北斗號」都快要坐不到了。

「特急Super北斗號」和「特急北斗號」一天有12個班次，約3個半小時左右可走完全程。從函館出發，經過森之後可以看到漂亮的海，列車沿著海岸線一路往北（函館本線）直到室蘭、登別（室蘭本線）的景致都相當不錯。尤其是冬日看著覆蓋著白雪的海岸，與遼闊的大海，真是很難忘懷的回憶。

然而，原本在這段路線中隱藏著的蒸汽老火車之旅「SL函館大沼號」（SL函館大沼号），已於2014年12月廢止。無法體驗期間限定且充滿古早味的鐵道迷們，現在只能繼續往北，前往釧路去找找搭乘蒸汽火車「SL冬之濕原號」（SL冬の湿原号）的機會了。

▶ **DATA**
　□JR北海道・官方中文網頁
網址：http://www2.jrhokkaido.co.jp/global/chinese/index.html

如果不趕時間，就來搭乘慢速小火車—Norokko慢車號

在夏季，喜歡嘗鮮的人，可以試試只有在6月到10月間行駛的「富良野・美瑛慢車號」（富良野・美瑛ノロッコ号）。這慢速車最大特色是沒有玻璃、沒有窗戶，遊客可以面對兩旁景致的座位，輕鬆飽覽沿途風光。不過要記得，假日人潮洶湧，建議錯開會人滿為患的時間。

至於相同型號的列車「釧路濕原慢車號」（くしろ湿原ノロッコ号），也會在四月至十月間，行駛在釧路到塘路之間，讓乘客體驗更特別、廣大的釧路濕原風光。

> **DATA**
> ■JR北海道「富良野・美瑛鐵路車票」（中文網頁）
> 網址：http://www2.jrhokkaido.co.jp/global/chinese/travel/index.html

冬日賞雪，不可錯過的蒸汽老火車—SL冬之濕原號

乘坐蒸汽老火車，吃著美味的鐵路便當，靜靜體驗冬日釧路濕原的遼闊景觀與北國才有的丹頂鶴，應該是鐵道迷想要體驗的鐵道之旅吧！行駛於釧路到標茶（川湯溫泉）之間，「期間限定」的古早味蒸汽老火車之旅，最有噱頭的是車內附設販賣部和烤爐，可以讓乘客自由烘烤魷魚！真是既美味、又好有樂趣！再次提醒，因為全車為指定席，搭車前務必提早訂位（乘車券＋指定席）。

> **DATA**
> ■2017年發車時間＆票價資訊
> 網址：http://www.jrkushiro.jp/sl2017/index.html

★好康報報★　北海道鐵路周遊券（HOKKAIDO RAIL PASS）

分為「3日券」16,500日圓、「5日券」22,000日圓、「7日券」24,000日圓和「任選4日暢遊券」22,000日圓，共四種票價。出示護照可在北海道指定車站購買；日本以外的國家則需在指定旅行社購買、兌換。
注意：JR東日本的車站窗口無法兌換；相關中文資訊請至此下載：http://www2.jrhokkaido.co.jp/global/chinese/railpass/rail01.pdf

就來札幌購物吧！

坦白說，我一直很難懂為何台灣人這麼愛逛藥妝店，雖然我自己出國也會帶著不少「日本」的感冒藥、成藥，可是每回看到台灣人「瘋」藥妝店的「盛況」，還是不免感到不可思議。因為經驗告訴我，身體真的是需要運動、休閒，加上正常作息才會好，光吃藥、吞一堆維他命ABCDE、貼一堆「痠痛貼布」、「修足時間」真的是治標不治本啊！

必須再三強調，我真的不是一個喜歡購物、常常購物的人，反而比較愛花時間在戶外活動上，像是滑雪、健行。但基於同理心，我知道很多人（包括我的團員們）總會想知道，「都到了北海道了，究竟要去哪裡買東西、找東西？」所以，分享我自己的購物資訊給大家。

北海道的幸福休日
HOKKAIDO

買東西，除了札幌還是：札幌

Sapporo Factory札幌工廠：戶外品牌愛好者的天堂

很多我的團員、朋友都知道，這幾年我愛上健行、迷上滑雪，超愛戶外服飾與戶外休閒用品，更愛日本戶外品牌mont-bell。所以來到札幌，二話不說，直奔札幌工廠再說！所有戶外用品幾乎都集中在札幌工廠的二條館三樓，包括台灣人很愛的「哥倫比亞」、「北方的臉」、「長毛象」等知名戶外品牌這裡都有。雖然包括mont-bell在內的品牌沒提供「免稅」優惠，可是相較於台灣的售價，這裡mont-bell價錢還是便宜得讓人流淚，所以還是我在日本採購戶外休閒用品的首選。

除了戶外品牌，這裡也不乏國際一線、二線品牌，在7月、1月的打折季期間，可以找到不少「物美價廉」的好東西，尤其是喜愛日本品牌的人，千萬不可錯過。當然，這裡也適合帶小孩的家庭前來採購、聚餐，各種餐廳包括「成吉思汗」烤羊肉與Sapporo啤酒館都有。提醒大家，「札幌工廠」與「札幌啤酒花園」雖然都是改裝自札幌啤酒工廠，卻是兩個截然不同的地方（雖然都在札幌市區內），千萬別搞錯地方，跑錯地點。

交通方式

從札幌車站步行15分鐘，搭計程車7分鐘可到。也可在札幌車站前的巴士總站2、3、4號乘車處上車，至「Sapporo Factory札幌工廠」站下車。
＊建議若是拿著大包小包，還是搭部計程車最輕鬆。

DATA
■札幌工廠
地址：北海道札幌市中央區北2條東4丁目
營業時間：商場10:00～20:00／餐廳11:00～22：00
網頁：http://sapporofactory.jp/

札幌車站：不管誰都必去的購物好地方

「札幌駅」也就是札幌車站，除了是交通門戶，也是觀光起點。直通札幌車站的JR Tower大型購物中心，集合了四家主題鮮明的流行百貨：ESTA、APIA、PASEO，以及札幌STELLAR PLACE。ESTA是我在札幌車站購物，最推薦的地方！這裡的10樓就是所有觀光客到了札幌一定會造訪的「札幌拉麵共和國」，最聰明、快速的方法就是在抵達時搭乘直達10樓的快速電梯，先來碗熱呼呼、濃郁夠味的「味噌拉麵」再說。

說到常有折扣、優惠活動的Bic Camera
則是很多人在日本購買電器用品的首
選，除了當日消費超過5,000日幣有免
稅之外，Bic Camera也常有「優惠券」
優惠或「刷VISA卡有優惠」等活動。
所以不管要買什麼電器、人氣商品，通
通可以在此一次購足。神奇的是這裡的
Bic Camera還有藥妝店，也可以滿足台
灣旅客的需求。還有地下一樓的ESTA
食品街，是所有人採購藥妝及土特產伴
手禮的好地方，著名的甜點：北菓樓、
Royce、六花亭等在這裡都有設櫃，可
以慢慢選購、邊逛邊吃，大快朵頤。

ESTA各樓層分布

B1、B2	ESTA食品街、生活雜貨商鋪
1～4樓	Bic Camera電器用品量販店
5樓	Uniqlo
6樓	Loft、生活用品專門店、流行衣飾與雜貨專區
7樓	女性流行服飾、流行衣飾與雜貨專區
8樓	ABC-Mart鞋店與眼鏡服飾店、流行服飾與雜貨專區
9樓	遊戲區
10樓	札幌拉麵共和國、餐廳街
11樓	天空花園、JR Tower Puranisu Hall（ブラニスホール）

▶DATA
■ESTA（札幌エスタ JRタワー）
地址：札幌市中央 北5条西2丁目（緊鄰札幌車站）
營業時間：10:00～21:00（餐廳11:00～22:00）／JR TOWER：10:00～23:00
網頁：http://www.sapporo-esta.jp/

大丸百貨札幌：就在札幌駅旁的必逛百貨公司！

一直有錯覺，每回到了札幌駅，就一定會經過札幌大丸百貨的門口，主要的原因是從
地鐵上來，就一定會經過大丸百貨，然後很多女團員就會「自動」脫隊，不由自主地
進入這裡。比起其他樓層，大丸百貨地下一樓的美食區一直是我的最愛，包括日式便
當、炸物、烤物、串燒，這裡通通都有，還有姊姊妹妹們最愛的各式甜點、伴手禮；
光是逛地下一樓，可能就不知道要花費掉多少時間了。

1樓是各國品牌的美妝保養品專櫃，包括SK-II、資生堂、MAC、植村秀、佳麗寶等
國際知名品牌。特別的是，6樓還有台灣人氣第一的Rimowa行李箱專櫃。當然，逛累
了千萬別讓自己餓壞，直奔8樓的美食街吧！這邊除了各式餐廳外，還有人氣相當高的
Buffet自助餐廳。

▶DATA
■大丸百貨札幌（DAIMARU SAPPORO）
地址：札幌市中央區北5條西4-7（緊鄰札幌駅）
營業時間：地下1樓～7樓10:00～20:00／8樓美食街11:00～22:00
網頁：http://www.daimaru.co.jp/sapporo/

狸小路商店街：藥妝店的聖地啊！

「可是，我們就愛逛藥妝店啊！」不管我怎麼苦口婆心、諄諄善誘，女團員仍是異口同聲這樣說。來到北海道，「狸小路」是一個亞洲「女性」觀光客特別喜愛的一個地方。從狸小路一到七，不算長的長廊上頭有帷幕遮蓋，不管颱風下雨隨時都可開心逛街。主要的原因就是短短一條商店街至少有超過三、四家的藥妝店，能貨比三家，完全滿足女性的購物樂趣。近年來，部分藥妝店還有會說中文的店員為大家服務。

「狸小路」地點很好，位居地鐵大通公園站與薄野站（すすきの駅）之間。附近都是知名景點和人潮集散地，生意好的不得了。除了藥妝店之外，這裡也有不少「土產店」，台灣人氣第一的「薯條三兄弟」可在此大量進貨，千萬別等到機場再找，會被陸客和台灣同胞搶光的。另外，我愛的噴火拉麵店「炎神」也在這裡，逛完還可順道到大通公園看看，夏天有啤酒季、冬日有札幌雪祭，都是不能錯過看頭戲。

往南步行可至「薄野」，這裡可是札幌「夜生活」天堂，各式居酒屋、「成吉思汗」烤羊肉、日式洋式啤酒館，是餐廳的大本營，有的居酒屋甚至可營業至凌晨5點。唯一缺點就是半夜的年輕人太多，酒醉吵鬧的人不少，特定區域拉客的人也不少，讓人有些不舒服、不安全的感覺。女性或單獨前往者要小心，小巷勿入，走人多的大馬路較安全些。

> **DATA**
> ■狸小路商店街
> 網頁：http://www.
> tanukikoji.or.jp/

千歲Rera Outlet

最近幾年，越來越多女團員跟我說，要給他們時間，去札幌新千歲機場旁邊的Rera Outlet逛逛。傷腦筋的是，這裡有超過400種歐美及日本知名品牌，從服飾、運動休閒用品、日系雜貨到家具，應有盡有。

除了折扣多，滿10,801日圓還可以退稅，「到底要給多少時間才夠呢？」除了藥妝店，這裡的「北海道新發見」土特產館有販售一堆特產，包括：薯條三兄弟、年輪蛋糕、白色戀人等。上飛機之前，如果還有銀兩、還需要補貨的人，可以再來逛逛，從札幌車站搭北海道JR約30分鐘就到，離機場僅3分鐘車程，把握最後的時間吧！

> **DATA**
> ■千歲Rera Outlet（Rera Chitose Outlet mall）
> 地址：北海道千歲市柏台南1丁目2-1（＊有免費接駁車在新千歲機場和Rera之間往返，往來時間大約10分鐘。乘車地點：30號／許可上下車地點：67號）
> 營業時間：10:00～19:00
> 網頁：http://www.outlet-rera.com/

10大深度玩主題。

四季都無法不愛上的北海道

怎能不愛上北海道？

「終於要動筆寫北海道了！」就在連續出了兩本京都書籍之後，像是自己逼自己交作業、交報告似的，我又接下了寫書的工作。在出版社編輯辛苦、努力又無奈地催促之下（因為真的每個月都有好多日子不在台灣啊……）

終於要寫這個四季都讓人著迷的國度（似乎早就該動筆了）。想到北海道，腦袋就像是在看電影一樣，一大堆的畫面紛紛湧現，擋也擋不住。閉關寫書的同時，我的雙魚座浪漫性格又發作了。真想要馬上飛到北海道，真想馬上就享受北海道的無窮魅力！

四季分明的北海道，有著說不完的魅力與旅行方式啊！

《情書》是對北海道的第一印象，被雪包覆的銀色大地再浪漫不過了！

1995年上演的日本電影《情書》，是20年前，還是學生時代的我，對北海道的第一印象。

電影裡，住在神戶的渡邊博子（中山美穗飾演）因為思念去世的未婚夫，寄了一封給未婚夫藤井樹的信件，由於同名的關係，信件陰錯陽差的來到北海道小樽同名的藤井樹手上，還讓兩個長得一樣的人，差點在小樽相遇。

大雪紛飛中，中山美穗騎著自行車在小樽的模樣，就像是經典電影的畫面，在我年輕的歲月裡留下難以抹滅的記憶。因為《情書》，北海道對我來說是浪漫、淒美、夢幻與無奈的。就像這輩子對愛情的領會一樣。被雪包覆的銀色大地中，平靜地訴說著愛情的浪漫。美麗、悽苦、夢幻、現實、無奈與不捨。複雜的味道，包覆在愛情的浪漫之中。

更不用說，《情書》電影是日本「映像作家」岩井俊二所導演的第一部長篇經典電影。對於喜愛底片色調及日本「空氣感」「日式風」的攝影人而言，岩井俊二的電影不但徹底滿足了，《情書》一片的清新風與細膩感，更可說是日本純愛電影的先驅之一啊！

冬季2月的，北海道是熱鬧滾滾的

對於全世界的旅人而言，北海道最多人的時候，莫過於夏季。不過，對於很少有機會看到雪、體驗過下雪、雪祭、冰雕展、雪燈的人而言（指的是台灣的朋友），北海道的冬季真的很有意思。

每年北海道各地的雪祭集中在2月上旬到中旬，恰好遇到了台灣農曆過年的時候。除了有過年長假期，全世界的小孩幾乎都愛雪，看到雪就像來到了遊樂天堂、主題樂園一樣，快樂得像是瘋掉一樣。於是越來越多的台灣朋友，扶老攜幼、全家同樂的來北海道賞雪、玩雪了。

對於每個月都在世界各地趴趴走的我而言，冬季只要在北海道，泡個露天湯，或是靜靜地搭上北海道JR列車，看著窗外的銀白大地就可以放鬆開心了。

這世界好不好玩，真要看每個人的視野和心態。旅行，是門藝術、修養，也是哲學。有時候不是懂不懂的問題，而是願不願意去修。

「心有多大 世界就有多大！」這是我最愛掛在嘴邊，送給朋友的一句話。

夏季 7〜8月的，

北海道是色彩繽紛、活力四射的

夏季怎能不來北海道呢？這時候的北海道可是會換上彩色的外衣，被五彩繽紛的花朵覆蓋了啊！

北海道的夏季是最多觀光客的時候，7月除了很多人最愛的薰衣草之外，8月的向日葵可也是讓人看了會感動萬分的重頭戲。等到9月，還有不同顏色的波斯菊花海上場。所以說，北海道的夏季可說是百花盛開、到處都是花田與花海的世界啊！

富良野跟美瑛是夏季盛會必到的。美瑛的「拼圖之路」與「景觀之路」可以用至少一天的時間體驗美瑛高低起伏、花海、綠地交織而成的彩色大地。幅員廣大到無法想像。

交通是旅遊北海道傷腦筋的問題。雖然可以搭北海道JR來到富良野跟美瑛，可是到了當地，試過當地巴士、租用過自行車之後，我覺得還是租車「自駕遊」最為方便。

因為在北海道的夏季裡，溫度高達攝氏30〜32℃，騎車可沒有想像中輕鬆！「自駕遊」的方式最為輕鬆、方便、省時、省力。

富良野的富田農場，則是一個可以輕鬆到達，適合男女老少、闔家出遊的好地方。不但可以滿足不同年紀、不同身分、團體造訪，農場裡各種設施、紀念品、農產品、餐廳、甜點、冰點，應有盡有。

不論是誰，多大年紀，都應該想辦法讓自己的人生色彩繽紛，充滿活力吧！

這是我在北海道的夏日體悟。

深度玩・電車。

超過百年的函館老市電

函館。
北海道裡難得的浪漫城市

「浪漫」，對於我喜不喜歡一個城市，是個重要的指標。浪漫的城市會讓我想要「融入」當地，無所事事的在城市裡漫遊或久居，不會想馬上逃離。風景美、治安好、人好、人少又不吵雜是構成浪漫的重要的元素。當然，能久坐的咖啡館、茶館、餐廳與居酒屋更是重要。

從數據上來看，函館是北海道第三大城市，人口約27萬，在札幌市（人口195萬）和旭川市（人口34萬）之後，是道南地區的行政、經濟、文化中心，也是渡島支廳辦公室的所在地。函館市在1935年（該貿易港對外開埠80年）之前一直是北海道最大的城市。可有趣的是，來函館好多次，走在函館的街道上幾十回，從不覺得這裡像是「第三大城市」或「大城市」，不管是白天或黑夜的函館街道上，人都好少好少。尤其到了夜間，似乎連當地人都早早躲回家裡了。

「人真少！」這是我愛上函館的第一個原因。

以日本三大夜景著稱的函館山夜景是唯一的例外。因為著名的夜景，從年頭到年尾，從傍晚到晚上，函館山上真是擠得水洩不通、熱鬧滾滾的好可怕啊！

這幾年總覺得只要人少、沒人的地方，就是適合旅行的好地方。不管台灣或世界各地都一樣。因為人少，加上外國領事館、教堂、倉庫、港灣等異國風味，所以函館，比起許多北海道的城市都要浪漫。

函館的老電車則是另一個讓函館浪漫的原因。

路面電車開業百年

百

1913→2013
Hakodate City Tram Department

O.
LOISIR HOTEL
ロワジールホテル函館

百

1913→2013
Hakodate City Tram Department

函館山ロープウェイ

搭市電。看函館夜景

要到函館山看夜景的就直接搭到十字街，然後步行兩分鐘到函館山纜車站搭纜車即可。建議至少在日落前1小時就要登上函館山上的展望台。除了趕緊用腳架在最上頭的台子上占個好位置之外，早點上山，順便看看函館山的夕照也是不錯的。

「函館夜景應該是我旅行日本十餘年，最好看的夜景了！」

如果問我，函館山夜景好不好看、值不值得去人擠人的話，我應該會這樣回答。而且更神奇的是，自從我愛上函館朝市的烏賊之後，函館夜景越看越像是亮晶晶的大烏賊啊！

自從轉成自由業之後，我的旅行步調也慢了下來。有了更多的時間慢慢逛老街、逛老城區；也有更多的時間與當地人交談、跟自己交談。更多的時間拿來喝茶、喝咖啡、尋覓我愛的食堂或美食料理。

「人生漫漫，我急什麼呢？」

函館人少的氛圍很適合我，叮噹叮噹的老電車很適合我；我的人生應該要慢慢地前進，一站站慢慢地停靠；我喜歡慢慢地探索未知的旅程、發現無限可能的人生。

就算一個人，這樣的旅行也不會寂寞。

延伸閱讀
函館市電車：
http://www.city.hakodate.hokkaido.jp/

函館市電。

老得好浪漫

函館的電車正式名稱為「函館市電車」，是在函館市市區行駛的電車，也是全程都在地面上行駛的電車。目前被列為北海道52件遺產中，被保存的一項文化遺產。最早可以追溯到從1897年開始營業的「龜函馬車鐵道」，在1913年間開始電氣化，所以到現在也算是超過100年的老字號電車了。函館市電的黃金時期時有6條路線（12個系統），現在僅剩下4條路線（2個系統）、總長度10.9公里，還在營運中。

雖然夏季是函館最多觀光客的時候，可是享受老電車的最佳時刻，當然是非淡季莫屬。五月的函館，觀光客少得很；晚上8點以後，街上空蕩蕩的，對於住台北的我而言，很難想像。沒有太多人的電車車廂裡，似乎都是當地老年人搭乘，上了車之後，整個人也跟著「慢遊、慢活」了。慢吞吞的老電車，有種把人拉回到日本老電影裡的魔力，讓我不想離去。

因為函館朝市的美食、海鮮的美味，我在函館旅行時，習慣選擇函館朝市旁（函館JR火車站旁）的飯店居住。所以剛好位居函館電車路線的中間。往北往湯之川（會經過有名的五稜郭站），往南往谷地頭或函館船塢前（有兩個方向），到函館著名的領事館區、倉庫區都很方便。

深度玩・賞花。

來去北海道花時間

賞花之旅。從春夏到初秋，百花齊放

你愛花嗎？你賞花嗎？不管愛不愛，看不看，都該來看北海道賞花。

就像是把一桶桶顏料，倒在北海道大地上，不同的花朵，把大地染成五顏六色、繽紛亮麗。夏日裡，陽光下，讓人活力十足、精力充沛，想要好好活下去；讓人想要看看世界的不同，未來的希望。

就像向日葵（太陽花）一樣，寒冬過了，春天降臨；到了夏天，迎著太陽，遍地開花又是一片欣欣向榮！

北海道的花季在5月開始。5月初有櫻花，5月下旬至6月初是芝櫻登場，7月整月到8月初是著名的薰衣草季，8月中有向日葵，9月上旬到10月初有波斯菊。到了10月，就可以賞楓了。接下來12月到3月就是賞雪的季節。隨著時間交替，一年過了，萬象更新。

我喜歡四季交替，景觀不同的北海道，這讓生命不再一成不變。有了起承轉合，人生有意思多了。

函館五稜郭。

5月中才看得到北海道櫻花

在京都賞櫻已經至少幾十回的我，某一年突發奇想，在5月初到5月中旬來到北海道，自認為很聰明的想從到道南函館五稜郭的櫻花，一路看到道北的瀧上（瀧上公園）、道東東藻琴的「芝櫻」。沒想到人算不如天算，十天下來，只看到函館五稜郭裡不到五棵櫻花樹開花。當地人跟我說，開花季節晚了兩星期？！還好我的學生們兩個星期後又到北海道，幫我完成了小小的心願，見到那美到不行的「芝櫻」了。

不能不提的，五稜郭可是大大有名，在歷史、建築、軍事、政治上，都有它值得一遊之處。除了是日本第一個以西洋建築風格打造的城堡外，它的星形造型跟世界各地的城堡要塞相比，也相當奇特。五稜郭建於江戶時代，由當時知名的軍事學者武田斐三郎設計，1857年動工建造，歷經八年多在1866年建造完成。因1868年「戊辰戰爭」中的最後一役，箱館戰爭（又稱五稜郭之戰）而聲名大噪；江戶幕府在役中戰敗，宣告幕府時代

的正式結束。

對於台灣遊客而言，也許箱館戰爭已經年代久遠，引不起興趣，感興趣的是那5月中旬後，美到不行的1600棵櫻花樹盛開。要到五稜郭不難，由函館車站搭乘函館市電（路面電車）到「五稜郭公園前」下車，下車後步行不到10分鐘可達。

記住，一定要登上五稜郭入口處的「五稜郭塔」，才能一覽這美麗又特別的五稜郭。

▶ 延伸閱讀
函館市觀光情報官方網站　http://www.hakobura.jp/

東藻琴公園、瀧上公園。

5月底、6月初來看少見的芝櫻

雖然名為「芝櫻」，但卻不是櫻花，它其實是草本科植物，只是因花形近似櫻花而得名為「櫻」。在日文中，芝指草地，所以才有「芝櫻」這個名詞。芝櫻顏色不少，除了紫色之外，也有粉紅與白色。北海道的芝櫻花期在5月底、6月初間，花期至少有半個月，不難看到。

想看芝櫻，北海道最有名的地方有兩處，即「東藻琴公園」與「瀧上」（瀧上公園）。兩地的交通不算方便，最簡單的方式是從旭川自駕遊（開車），三個小時可到瀧上公園。從網走開車到東藻琴約30分鐘；不過從瀧上到東藻琴卻需要四個多小時，所以當天要「衝」兩個地方會相當辛苦。不想開車的人，當然也可以想辦法搭巴士過去，只是時間可能要耗去更多就是了。

兩個地方都宣稱自己是日本境內最大的芝櫻公園，但在視覺上，東藻琴公園應該較佳。因為地勢開闊的關係，東藻琴公園氣勢上明顯的比瀧上公園要壯闊、廣大許多。如果下回再來，我應該直接選擇去東藻琴公園了。

圖片提供／梁文薔

延伸閱讀
東藻琴芝櫻公園 http://www.shibazakura.net/
瀧上公園（號稱日本最大的芝櫻公園）
http://town.takinoue.hokkaido.jp/

富良野、美瑛。

體驗自駕遊賞花的樂趣

從7月開始，北海道正式進入賞花的旺季，富良野、美瑛也成了北海道夏日花季的第一首選。不過，富良野、美瑛可不是普通的大，不是農場、花田，就是高低起伏的丘陵，所以良心建議大家，租台小汽車來自駕遊吧！當地巴士的班次不多，停靠站少，跟租車比起來，方便性差上許多。

「不能騎腳踏車嗎？」7、8月的北海道高達攝氏30度以上，在烈日下騎車、找路，可不是輕鬆的事，更何況富良野、美瑛沿途可沒什麼地方遮陽啊！我曾在英國、希臘租過車自駕遊，比較之

下，在北海道租車真是輕鬆愜意、好處多多；不但車子新、路上車少、日本人開車規矩、停車場不收費之外（在北海道的好處），想開哪、想停哪，更是任意自在。記得夏季是觀光旺季，租車千萬要提前預約。北海道各地的案內所、JR服務中心也有提供預約資訊。

最棒的是，車上的GPS衛星導航器（有些機型還有中文語音導航），超級實用。對於富良野、美瑛那種大片丘陵、田野（尤其是美瑛），真的太需要衛星導航了。只要輸入「地圖碼」（MAPCODE）或餐廳、飯店的電話號碼，就可以輕鬆跟著導航，找到地方。有地圖碼的地圖也可以在富良野、美瑛的「案內所」（旅客服務中心）免費索取。

> **延伸閱讀**
> 富良野觀光協會官方網站 http://www.furanotourism.com/jp/
> 美瑛町觀光情報 https://www.biei-hokkaido.jp/

富良野，富田農場。

夏日賞花第一站！薰衣草，我來囉！

說到北海道夏季的代表花卉，許多人心中浮現的，應該就是「薰衣草」了！殊不知，薰衣草並非原生於北海道，早在1937年，曾田政治從法國普羅旺斯將薰衣草帶回日本，使得富良野成為全日本第一個種植薰衣草的市鎮，到了1975年後，薰衣草成為富良野的標誌，吸引了世界各地、源源不絕的觀光客。

富良野位於北海道的正中央，所以從札幌、旭川搭JR過來，相當方便。我的自駕遊也習慣從富良野開始，結束於美瑛。最後再輕鬆搭JR回札幌。

富田農場（ファーム富田，Farm Tomita）位於北海道上富良野及中富良野之間，從富良野車站開車20分鐘就到。目前是富良野人氣最高的旅遊景點。這裡原本是富田農場第一代主人富田忠雄，種植薰衣草的農場，但慢慢發展成綜合性的大型農場，除了大面積的薰衣草田，還有包括薰衣草、波斯菊、菊花等近100種花卉、餐飲店、農產品、紀念品店可參觀。人氣頗高的薰衣草工廠，可讓遊客了解薰衣草香水、肥皂等製作過程，也可開心選購。

除了各種不同的花卉爭奇鬥艷，這裡的富良野牛肉漢堡排飯、甜到不行的哈蜜瓜與玉蜀黍，也相當美味！當然，在北海道每天要吃的冰淇淋也不可錯過，尤其是哈密瓜口味！

「領隊與團員們的最愛！」這是我對富田農場的暱稱。因為園內設施完善，團員可以自己「自主自遊」，就算待上兩三個小時也不會想走。富田農場真是個好地方。

沒租車的人也不用擔心，從1999年起，JR在富田農場旁，蓋了個只有夏季、秋季賞花期才停靠的臨時車站「薰衣草田車站」（ラベンダー畑駅），讓美瑛與富良野之間的「慢吞吞」觀光小火車「富良野‧美瑛Norokko號」（富良野‧美瑛ノロッコ號）停靠。為什麼叫「慢吞吞」呢？因為這就是日文「ノロッコ號」的原意！前往富田農場的遊客可以在富良野、美瑛沿線車站上車，在臨時車站下車後步行5分鐘就可到達。Norokko號每日班次不多，務必查好時刻。如果有購買北海道鐵路周遊券（Hokkaido Rail Pass），可免費搭乘Norokko號。

上富良野，日之出公園

日之出公園也是以薰衣草出名的地方，除了占地3公頃的大面積，園內的「薰衣草發祥地」可證明這裡還是全日本最早種植薰衣草之地。從富良野車站開車約30分鐘可到，搭JR就必須到上富良野站再步行至公園了。每年7月中旬是富良野薰衣草盛開的季節，日之出公園還會舉行「薰衣草祭典」慶祝。

我很喜歡登上公園內白色的展望台，可以遠眺整個上富良野的城鎮，還有十勝岳的雄偉山脈。展望台旁邊的白色「愛之鐘」也是日之出公園地標之一，更是大家搶著敲鐘，留下照片的地方。

在清脆響亮的鐘聲下，絕對可以感受到在北海道的幸福！北海道的夏天真好！來到北海道真好！

64

延伸閱讀
富田農場 http://www.farm-tomita.co.jp/
上富良野 http://www.kamifurano.jp/

森之時計、風之花園。

富良野森林裡，好味道咖啡館

「森の時計」與「風之花園」坐落在富良野王子飯店旁的森林裡，分別因偶像劇《溫柔時光》（優しい時間）與《風之花園》（風のガーデン）在北海道有著相當高的人氣。在《溫柔時光》中，男主人因老婆車禍過世，辭去工作後來到老婆的故鄉北海道，在森林裡開設了咖啡館「森の時計」。當初「森の時計」因偶像劇而打造，偶像劇結束後被保留下來，以咖啡館的形式經營。而「風之花園」則展示著許多花卉，以同名電視劇之名，吸引日本遊客前來。

「不論何時，『森の時計』都好有味道。」這是我喜歡此地的原因。

不管是館內，還是外頭的森林。總有種遠離喧囂的恬意與寧靜。尤其對於越來越不習慣大城市的我而言，更是難得。

平日晚上，是前來咖啡館的好時間，可以躲過白天的大批遊客。記得幾年前來此滑雪，某個晚上我跟老婆在這裡喝著咖啡，靜靜地，看著片片雪花落下。窗外很冷，室內卻很溫暖得很。回憶起來，那實在是值得兩個人珍惜的美好時刻。

應該是寒冷的冬日夜晚，卻意外的一點也不覺得冷。

美瑛，自駕遊。

玩遍美麗的拼圖之路、景觀之路

還能說什麼呢？對於擁有大片丘陵風光與夏季美麗花海的美瑛，我愛得不得了，恨不得一年四季都來，而且忍不住再三叮嚀朋友：「花上一整天，放慢腳步，好好體驗吧！」當然，最好的方式是開車自駕遊，慢慢遊美瑛。

美瑛與富良野，絕對是北海道夏季裡（花季裡）最著名、最多觀光客的地方。在美瑛，處處都可見日本電視廣告、日本攝影大師的在此拍攝的知名場景。因為地方廣大，一望無際，這裡的景觀讓人心曠神怡，怎樣都看不膩，所以每到7、8月，都有大批遊客來此。如果想久留，也可以在美瑛的丘陵上，找個自己喜歡的民宿過夜。這裡的老闆很親切，甚至有不錯的外文能力，能讓外地遊客有個難忘的民宿體驗。

忍不住再提醒一次，太陽很大，美瑛很大（丘陵很廣，高地起伏），別騎自行車。徒步更是不可能走完的。

美瑛好玩的地方不在鎮上，而在周圍的農場、丘陵上，只要有車，有GPS導航輸入地圖代碼（MAPCODE），不難找到要去的地方。沒有車、沒有GPS，真的不知道怎麼找路了！這裡四季景觀不同，沒有門牌，無特定地標，難認路啊！

整日玩遍美瑛不難，以美瑛站為中心點，分上、下午兩時段跑，一日就搞定。傍晚再找個高處等待日落，應該是北海道夏日之旅的完美結束。

● 美瑛攻略路線（註：其中小路多，可依自己喜好，隨意組合路線。）

　・早上

美瑛拼圖之路（拼布之路），美瑛車站西北邊；時間至少需1.5小時

美瑛站→Ken&Merry之樹→七星之樹（Seven Star）→親子之樹→柔和七之丘（Mild Seven）→
北西之丘展望公園→美瑛站。

　・下午

美瑛景觀之路（全景之路），美瑛車站東南邊；時間至少需2至3小時

美瑛站→三愛之丘→千代田之丘→拓真館→四季彩之丘→新榮之丘→聖誕之樹→Puffy之樹。

● 各地地圖代碼（MAPCODE）

　・Ken & Merry之樹（MAPCODE：389 071 727）
　　取自昭和47年，國產汽車電視廣告中登場人物。

　・七星之樹（Seven Star，MAPCODE：389 157 129）
　　因印在七星香菸上而得名。

　・親子之樹（MAPCODE：389 128 063）
　　三棵樹仿佛是爸媽與小孩。

　・柔和七之丘（MAPCODE：389 036 599）
　　因用在Mild Seven香菸海報廣告中得名。

　・聖誕之樹（MAPCODE：349 788 146）
　　就是長得像聖誕樹的一棵樹。

　・Puffy之樹（MAPCODE：349 815 005）
　　顧名思義，因日本偶像女子團體而得名，曾在Puffy主演的電視劇出現過。

　・北西之丘展望公園（MAPCODE：389 070 315）

　・三愛之丘（MAPCODE：349 792 477）

　・千代田之丘（MAPCODE：349 734 579）

　・拓真館（MAPCODE：349 703 206；電話：0166-92-3355）
　　日本攝影大師前田真三（1922～1998）的偉大攝影作品，將美瑛的景色盡收眼底。攝影師或
　　攝影愛好者的朝聖之地，可免費參觀。

　・四季彩之丘（MAPCODE：349 701 160）
　　美瑛最大的花田（占地七公頃）每年有30種以上花卉盛開；攝影師最愛之一。

　・新榮之丘（MAPCODE：349 790 676）
　　景色絕佳，傍晚等待日落的好地方。

白金青池

白樺林圍繞的美麗藍色之地

白金青池是無意間，經由美瑛當地人介紹的好地方，也算近幾年美瑛的新興景點。白金青池不是個天然湖泊，而是在1988年（昭和63年）因十勝岳火山爆發，修築堰堤而成。位於白金溫泉下游，因湖水中含有溫泉的礦物質成分，經太陽光照射，呈現出一種特別的青色，因此稱之為青池。

因為沒有大眾交通工具可到，此地只能開車自駕遊了，從美瑛站出發往白金溫泉的方向前往，約40到50分鐘可達。還可以順便泡泡十勝岳知名的白金溫泉，甚至住上一晚。

我曾在5月、8月期間來了兩回，每次都花了不少時間拍攝。不管是青色的湖水，或是湖水旁的白樺林，都相當美麗。值得一提的是，沿途的白樺林也相當漂亮，而且幾乎沒有觀光客，建議過來瞧瞧，體驗一下漫步白樺林的滋味。如果是在10月來，這裡應該會轉成璀璨動人的「金秋白樺」！

金黃色的「金秋白樺」我在瑞士、金疆見過幾回，美得不得了。這樣的美景，希望能快點在青池也見到！

深度玩・流冰。

北海道冬季重頭戲

流冰之旅。

不可錯過，美得讓人難以忘懷

如果問我，北海道冬季之旅不可錯過的是什麼？應該是北海道鄂霍次克海的「流冰」體驗吧！

不管看過幾次雪景、不論我走訪過多少個國度，但流冰奇景帶給我的震撼，一輩子都難以忘懷！

若把札幌、旭川的雪祭、冰雕展和小樽的雪燈之路，當作是北海道冬季之旅的序幕，那麼乘著破冰船，在鄂霍次克海欣賞「流冰之海」，絕對可算是精彩無比的重頭戲了。到過北海道道東（東部區域）的人不多，看過流冰的人更是寥寥可數；經歷過流冰的「特殊體驗」後，再聊起北海道，可以小小驕傲地說話了。因為北海道「流冰」真的特別、真的很不一樣！

北海道流冰的特別之處，在於流冰形成不易，看到的時間也不長。

要看到流冰有兩個必要條件。一、天氣冷，才能形成流冰；二、風向對，才能在預定日期與地點看到流冰。

入冬之後，河水從中俄邊界的黑龍江（俄羅斯阿穆爾河）流入鄂霍次克海，由於海水比重大，河水會在海水上層，天冷就結成冰粒。在海中冰粒慢慢結成冰塊，進而再結成大塊浮冰，一路往南漂至北海道的鄂霍次克海沿岸，就成了觀光客出海所見的「流冰」了。

對於流冰，我本有個一廂情願的幻想，想像一座座巨大冰山從北極圈往南漂流，逐漸融化，到鄂霍次克海之後，就像水晶玻璃碎裂成千萬片，布滿在海上，美得令人心碎。幻想跟實際差距不小，不過看到流冰，我還是情願相信它們千里迢迢地從世界的盡頭飄洋渡海，碎裂化成大海。

這樣的過程，戲劇性的浪漫多了。

網走。流冰的入門輕鬆體驗

北海道流冰的「最佳觀賞期」在每年1到3月間，以紋別、網走、知床、羅臼四個「道東」之地為主。對一般觀光客而言，以在網走搭乘「Aurora極光號」大型碎冰船出海最為普遍，交通也容易。記得務必要預約。在2月的流冰「旺季」裡，一天五個班次，往往很快就爆滿了。

「Aurora極光號」船頭有特製的鑿冰器，可打碎巨大流冰，當碎冰船撞擊冰海時便會發出陣陣的碎冰聲音，十分特別。不畏天冷、喜歡攝影或自然奇觀的人請直接上頂層甲板，可以俯瞰整個被流冰覆蓋的「銀白」大海，保證大呼過癮，拿來回味也快活！

不過，過癮之餘別忘了冬日的海上氣溫低，寒風刺骨，保暖材質的帽子、手套、圍巾，都是必備衣物。萬一運氣好出大太陽，還得要戴上墨鏡，才能盡情觀賞。

我喜歡站在頂層甲板的船尾，360°的大景，任我觀賞，暢快無比。從船尾向海面望去，「極光號」像把利刃，不斷將「流冰之海」切開，劃出一條大道，極為好看。

除了流冰，海上動物的種類跟數量超乎想像，虎頭海雕、白尾海雕等各式海鳥會出現在流冰上，若運氣好，海獅、海獺等大型海獸都有可能會出現。

▶ **延伸閱讀**
網走「Aurora 極光號」大型碎冰船官網：
http://ms-aurora.com/

羅臼。知床半島的流冰 「快樂天堂」

除了網走，到羅臼搭乘小船出海，體驗知床半島豐富的動物生態與原始自然景觀，可算是「進階版」的流冰深入體驗。

羅臼是個小漁港，位於知床半島東南方，產昆布與新鮮海產，因為沒有鐵路可到，只能自行租車或搭小巴抵達。雖然交通不便，但也因少了許多觀光客，保留了更多的原始與純樸。

知床半島在道東是相當出名的，不但被列入「世界自然遺產」，更有「日本最後一塊淨土」的美譽。夏季的「知床五湖」、「知床八景」吸引了許多愛好自然的人來此健行、踏青，體驗純淨、無人為破壞的自然生態，並與為數眾多的野生動物近距離接觸，可說是怎樣都玩不完的好地方。搭乘船隻出海還可觀賞鯨魚、海豚等。

除了夏天的生態，流冰為北海道冬季帶來豐富的浮游生物，孕育出豐富的海洋生態系，說知床半島是野生的動物樂園，動物的「快樂天堂」，真的是一點也不為過！

冬天的知床半島活動不少，包括步行滑雪、雪鞋森林散步、海上體驗流冰、流冰潛水等，有興趣的人歡迎自由體驗。我在羅臼搭乘的船隻很小，頂多只能搭載20人，不過比起網走的大型破冰船，反而覺得搭小船有意思多了，有種跟著當地人出海捕魚、乘風破浪的新鮮與樂趣。

延伸閱讀
知床半島自然體驗：
http://www.shiretoko.asia/

我的「旅遊運」一向不錯，朋友及團員常稱我是「陽光傑利」！羅臼出海那天天氣不但溫暖，太陽還大到幾乎睜不開眼，海面上除了大小不一的美麗流冰外，還聚集了上千隻的尾白鷲（白尾海雕），其中還有虎頭海雕（很像老鷹）的大型猛禽，怎麼看都看不完，拍都拍不盡。

這應該是我這輩子見過最多的鳥了！

船隻出海的時間約1個半小時，美景就在眾人的驚呼聲中飛逝。意猶未盡外，期待中的海豹、海獅始終沒露臉，是個小小遺憾，只能說又給了我下回再來的理由。

看著鄂霍次克海冬日難得的絕景，遠眺佈滿流冰的奇異世界，夾雜著感動與感謝的複雜情緒不斷在心中浮現。直到入睡當晚，我還是可以見著那似乎成千上萬的海鳥們，自在飛翔⋯⋯

「世界真大！活著真好！」

唯有好好活著，才能繼續發現世界！不是嗎？

HOKKAIDO 道的幸福休日

深度玩・祕境。

北海道的冬日限定

冬日祕境之旅。

沒有人真好

冬日的北海道之旅，有時候是無人、寂靜的；就算自己一人，也可以享受。只要想到可以遠離塵囂、避開人群，享受離開台灣難得的片刻安寧，心情就不由得開心起來。這種難得，讓我不由自主地愛上北海道。尤其在冬日。

旅行只要沒人，到哪都好，做什麼都好。

避開滿是觀光客的札幌、小樽、來到沒太多人的北海道道東，是我喜歡的旅行方式。在滿是白雪覆蓋的北海道冬日中，讓人輕易放鬆。能一個人旅行，怡然自得，是種難得；能夠面對自己、坦然無懼，更是另一種難得。這些難得，是構成旅行中美好回憶的元素，也是讓我持續旅行的重要動力。

「面對自己、發現自己、認識自己，找到自己」是生命的目的之一，也是旅行的重要過程。我始終這樣認為。

冬日的北海道道東，人煙稀少，最適合讓自己來此放鬆、放空。野付半島、摩周湖、屈斜路湖在道東之地，不要說台灣遊客，連日本當地人都少。交通不便是遊客少、不常來的主因，人口不多、人煙稀少是另一個原因，但這偏偏又讓我格外喜愛。

三個地方都沒鐵路可搭，只能搭乘巴士或租車前往。不過冬日北海道的巴士班次少、接駁不易；租車自駕遊是個好主意，可以一日玩遍三個地方，還可以有多餘時間在屈斜路湖附近泡個溫泉或野湯，好好享受一下。

對於長期住在亞熱帶的台灣人而言，冬日在雪地上開車有一定風險。除了下雪、路面結霜易導致交通事故外，遇到大風雪不但視野不良、公路封閉、車子還可能還會埋入雪中！若同行人數少，萬一在雪地上發生問題，也難求救。所以冬日在北海道駕車，小心再小心啊！

野付半島 のつけはんとう。

遙遠的國度，一望無際的雪白大地

野付半島位處北海道東部，位在知床半島與根室半島的中間，是一座突出於鄂霍次克海的半島。此地因「標津川」的泥砂長年堆積而成，長約28公里，是日本最大的沙洲，生態十分豐富，擁有草原、濕地、森林等四季不同的自然環境。

因為地形與生態的關係，野付半島擁有冷杉、針樅、赤楊、槲樹等原生林，不過這幾年，因半島附近地表逐年下沉，加上海水浸入，半島上大片冷杉林長期受到海水侵蝕與海風的影響，呈現枯萎的樣貌，被稱為「Todowara」。枯萎的冷杉林的根株和樹幹宛如白骨，倒臥於濕地之中，成為此地的特殊現象。

要看Todowara冷杉枯木林遺跡，可以沿著海邊通往半島的步道前往，步行20分鐘可到達。一般遊客都是夏季來此，體驗野付半島獨特的生態自然環境，搭乘這裡的觀光船繞行海灣淺灘。

我跟友人在冬日租了小巴士，一路由知床半島的羅臼往南開，來到野付半島。冬日的野付半島，說不出的空曠與寂寥，完全無人！放眼望去，只見大片白色雪地似乎沒有盡頭、沒有終點，一人隻身在北海道的寂靜世界中，似乎更能面對自己，感受人生。

不管世界如何變化，未來會是如何，堅持自己的方向，走自己的路，這就是我想追求的人生吧！

摩周湖ましゅうこ

冬日的絕美火山口湖

摩周湖在道東是出了名的「火山口湖」，四季皆美，但我個人獨愛冬日的摩周湖，因為比起夏季，它更顯得清麗脫俗，彷彿人間仙境。這也難怪，因為摩周湖在當地愛努語之中，被稱為神之湖（KAMUITO）。摩周湖在7000年前因火山爆發、火山口破裂而形成火山口湖。夏季的湖面在天氣晴朗時，清澈如鏡，透明度位居日本第一，世界的排名則僅次於蘇俄的貝卡爾湖。若天氣好，湖水會呈現不可思議的深藍色，也被稱為「藍色摩周湖」。

到摩周湖的玩法很簡單，因為火口湖的周圍是300～400公尺的懸崖峭壁，無法接近，只能透過觀景台遠觀。摩周湖不時起霧，也有「霧之摩周湖」的稱號。湖中有個小島，無法接近，稱為摩周湖酒窩（KAMUISYU島），愛努語的意思為「變成神的老太婆」。不管天氣如何，不管四季如何變化，相信任何人到此都會跟我一樣，忍不住讚嘆不已。

為了便於觀賞摩周湖，這裡設有「第一展望台」、「第三展望台」、「裏摩周展望台」3個觀景台，冬天僅開放第一展望台。第一展望台的觀星活動相當具有人氣，夜晚無光害的摩周湖，可見璀璨繁星，若天氣好還可見到銀河、流星，是個很值得前往的冬日活動。

屈斜路湖 くっしゃろこ。

遇見冬日的美麗天鵝

摩周湖、阿寒湖、屈斜路湖被稱為道東三湖。但是阿寒湖美歸美，就是遊客實在多、太商業化了點，因此被我排除在「冬日祕境之旅」外。

在冬季時節，大部分北海道的湖泊都會結冰，不過，屈斜路湖有一小部分湖面因為火山地熱關係，不會全部結凍，所以每年可以吸引好幾百隻的白天鵝到此過冬，也是此地的特殊景象。

初見大批天鵝，覺得他們既優雅又高貴。靜靜地在湖邊一角，不吵不鬧，見到我這個過路的陌生客，亦不驚慌，慢條斯理的覓食、休息。這也難怪我在德國的新天鵝堡中，到處見到天鵝的飾品與圖案，新天鵝堡的主人更以天鵝做為浪漫、優雅的精神象徵。

除了在湖邊靜靜欣賞冬日美麗的湖光山色之外，屈斜路湖因位處火山地帶，周遭溫泉多，冬日也有不少人前往體驗泡湯的樂趣，尤其是在野外山林或雪地裡的「露天野溪溫泉」更富趣味。這裡出名的溫泉包括與湖畔僅距1公尺，可以一邊泡湯、一邊欣賞湖光山色的古丹溫泉、和琴半島的和琴溫泉等。另外，在湖畔自己DIY的「砂湯」，也相當特別。遊客可以自行於湖畔的砂地鑿洞，即會湧出天然溫泉，有人甚至將身體藏進砂洞，體驗砂中泡湯樂趣。

自古以來，位處偏遠的屈斜路湖有著不少傳說，1973年起陸續有人發現疑似水怪出沒等傳聞，許多電視台還到此處採訪。由於水怪傳言不斷，該區還成立以英國尼斯水怪命名的「KUSSI」守護會，儘管傳聞中的水怪真實樣貌為何，一直是個謎，不過，下次來到屈斜路時不妨睜大眼睛，搞不好就得以見證奇蹟了！

カルデラ
屈斜路湖
砂湯
平成25年2月13日

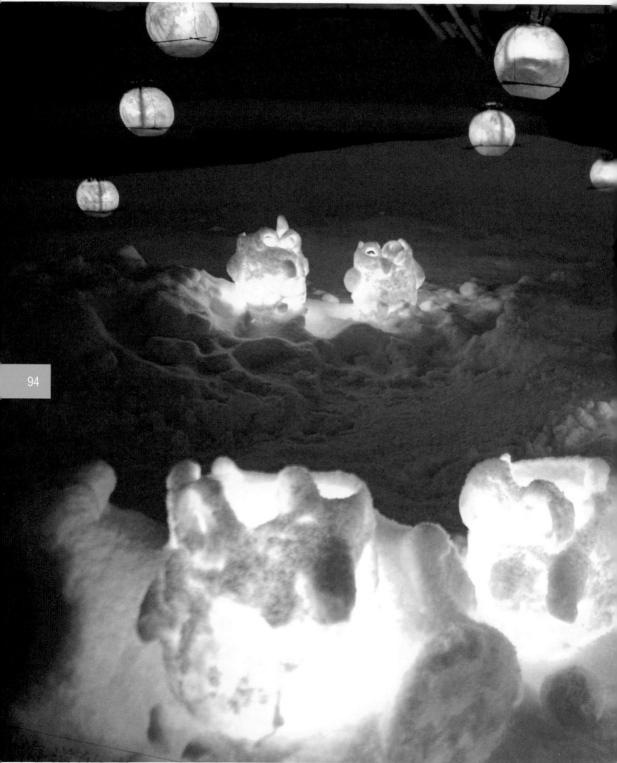

深度玩・賞雪。

最溫暖的浪漫限定

冬日賞雪。

小樽、札幌、旭川、層雲峽、阿寒湖，一次看過癮

這幾年農曆過年時，朋友們不約而同地提到要到北海道賞雪、參加雪祭、看冰雕展，甚至帶著小朋友參加北海道的滑雪營。到北海道賞雪、玩雪，不知不覺地變成一股風潮。流行的程度，從北海道的機票越來越貴、越來越搶手、越要提早預訂可得知。我曾經在農曆過年前買過3萬2台幣的北海道來回機票。

這種機票價錢，都可以飛歐洲來回一趟了！真是誇張。

北海道的賞雪活動對我而言，總有一種熱鬧有餘、浪漫不足的感覺。應該是雙魚座的個性使然，我對於「浪漫」有著無可救藥的挑剔與堅持；賞雪應該是很「個人的」，應該是要浪漫無比的。一人最好，至多兩人。人多就俗了。

靜靜地看著雪花落下，晃啊晃的落在手掌心。唯有獨處，才能心無旁鶩的享受片刻浪漫。

人到了某個年紀，終於有所領悟。有些事一個人享受最好。

以浪漫的標準來看北海道賞雪活動，或許有些嚴苛。想像在被冰雪覆蓋長達好幾個月的北海道冬季裡，若沒有一些大型活動，居民只能躲在自己家中，也沒觀光客前來，冬日漫漫，何以維生？所以，熱熱鬧鬧的大型活動還是有其必要。對於從小在台灣長大，從沒看過雪、沒走在雪地、冰上、沒有玩過雪的人而言，北海道各個別具特色的雪祭、冰雕，還是值得看一看。

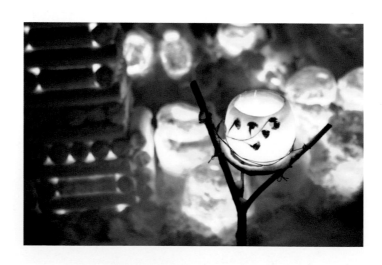

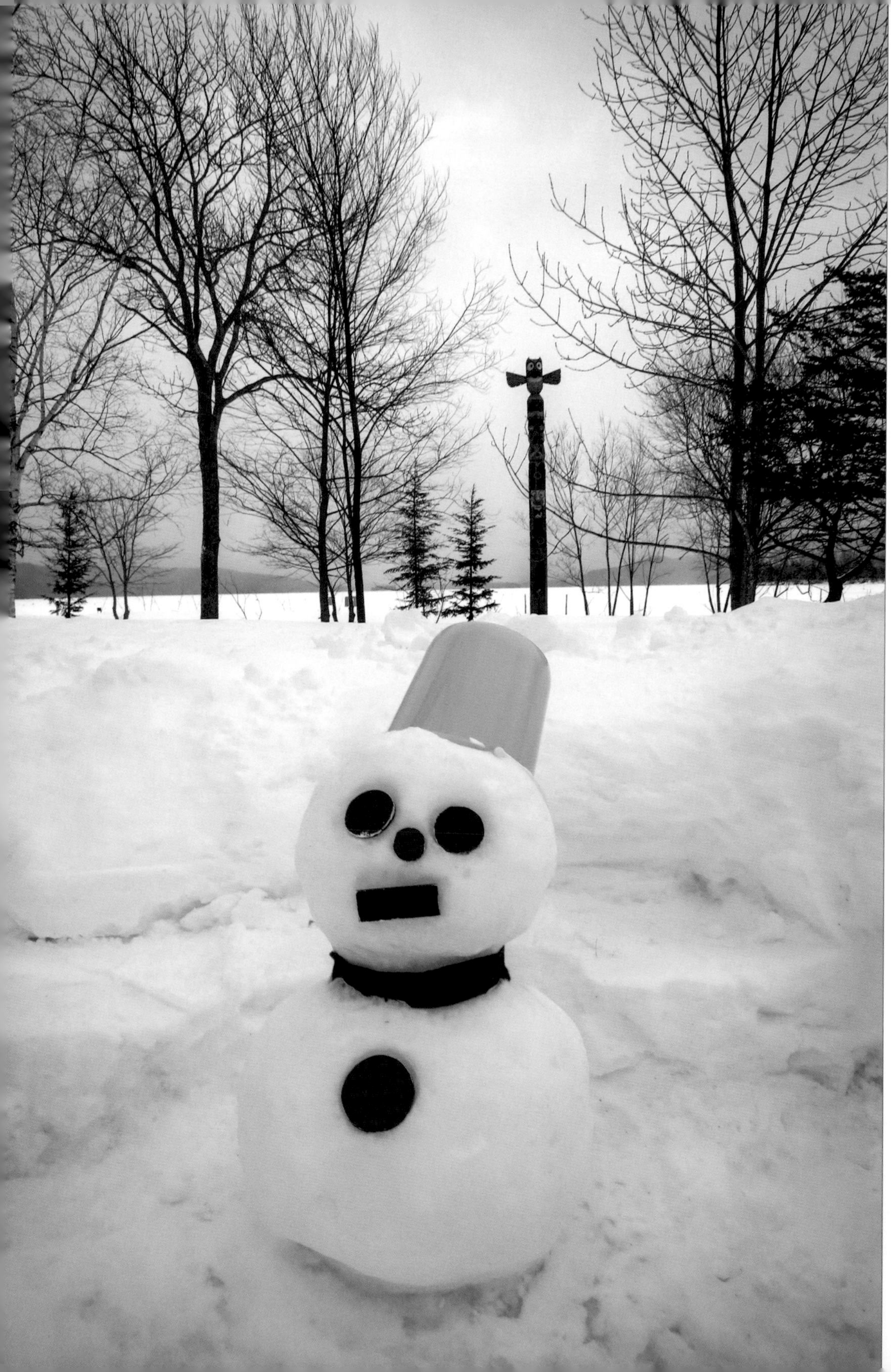

小樽雪燈之路。

浪漫指數破表

就浪漫指數而言，小樽「雪燈之路」是我心目中最浪漫的北海道賞雪活動。除了因《情書》讓小樽的浪漫指數加分外，每年二月上旬在此舉辦10日的小樽雪燈之路，更讓浪漫指數加倍到破表。

到2017年時，小樽雪燈之路已經是第19回合舉辦了。相較於名氣最大，由官方策辦，以大型冰雕、雪雕為主的札幌雪祭，小樽市民與志工合作的各種雪燈，搭配手工製作的飾品與燈光，便成為北海道城市中獨一無二，比較沒有商業氣息的作品。每年預估超過50萬人次、14萬盞雪燈在此擺放。來到小樽，人人都能度過一個浪漫的雪燈之夜。

小樽雪燈之路的時間（每年日期略有不同），偶爾會跨過2月14日西洋情人節，配合各地情侶來此，這裡會有心形燈飾、動物造型、精緻的玻璃手工藝品、甜蜜的雪人等造型出現。一到傍晚，無數志工便開始將雪或冰塊製成的「雪燈」點燃，點燈的時間從傍晚5點到晚上9點，太早到，或太晚都不好，千萬要把握點燈時間啊！

▶ 延伸閱讀
小樽雪燈之路官網 http://yukiakarinomichi.org/

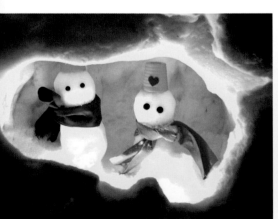

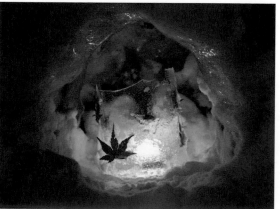

若只待上一晚，就逛逛小樽運河會場、手宮線會場的「小樽中心街會場」。如果有多餘時間，包括天狗山、朝里川溫泉等地可以再去逛逛。「小樽中心街會場」的面積不大，運河會場、手宮線兩個雪燈會場，應該可在一個半小時之內逛完。

天黑後不好拍照，我建議想拍攝雪燈之路的人要下載奇摩氣象APP，算準日落時間，在日落前30分鐘，先到最有名的小樽運河旁，拍色溫下的運河夜景及運河旁的「雪燈」；然後再到小樽市中心的手宮線會場邊逛邊拍。手宮線會場雖然沒有小樽運河會場來的出名，但因為道路不寬，走在其中，就像在點了蠟燭的雪地迷宮中漫步，超級浪漫。

建議同行的人數別太多，兩人以下較佳，情侶或夫妻，走在燭火、雪燈的微光之中，應該會是個難忘的夜晚。

札幌雪祭。

北海道最知名、人氣第一，你絕不能錯過

札幌為北海道第一大都市，通常是外國旅客進出北海道，也是最繁榮的地方。每年2月舉辦為期一周的雪祭，吸引200萬名以上的遊客湧入。2017年的札幌雪祭邁入第68屆，時間為2017年2月1日至2月12日，每年祭典會場共有三處，包括大通公園會場（雪雕為主）、薄野會場（冰雕為主）和TSUDOMU巨蛋會場（雪上遊樂活動）。來到此處，就可以正式宣告這一年的北海道雪季正式展開了。

大通公園會場

大通公園離札幌車站，搭地鐵一站就到，主要展示由札幌市民與自衛隊製作的雪雕作品，展示會場長達1.5公里，從「1丁目」橫跨到「12丁目」等街道。每年設計的主題有一個共同特色，就是都相當「大」。雪雕的作品由世界知名建築、地標、到民俗祭典都有，卡通人物也會出現。如果想拍到會景全貌，可以到大通公園最東端「1丁目」附近的電視塔去卡位。登上塔上，大通公園盡入眼底，雪祭期間可以至電視塔上眺望雪祭夜晚點燈塔景象。對我而言，傍晚打燈之後，才是大通公園會場最美的時刻。

不知道是不是遊客太多，還是大件雪雕的作品吸引不了我，大通公園會場對我而言，湊熱鬧、到此一遊的意義大於實際賞雪的樂趣，這裡，也許適合帶著小孩的親子團或家庭們。大件大件的雪雕、冰雕，對小孩來說，應該會覺得開心有趣吧！

薄野會場

薄野在大通公園以南的區域，有一個地鐵站，離札幌車站兩站，是札幌最大的娛樂中心，也是夜生活最熱鬧的地方。除了百貨公司，這裡最著名的就是餐廳、居酒屋、酒吧林立，而且可以通宵達旦，歡樂一整晚。每年札幌雪祭期間會展示冰雕作品，包括海鮮、動物等各式冰雕、冰雕得獎作品會展示在南4條通與南6條通之間的西4丁目街道，每晚展至晚間11點為止。不過對我而言，這裡的居酒屋、餐廳美食對我的吸引力似乎比起冰雕要大多了！

> ▶ 延伸閱讀
> 札幌雪祭官網：http://www.snowfes.com/

旭川冬之祭。

就是以「超級大」為訴求

旭川是僅次於札幌的「北海道第二大城市」，白天最好玩的地方，是鼎鼎大名的旭山動物園，不過冬天的旭川夜晚，卻有「人怎麼都不見了」的驚訝！8點過後，整個街上只能用「小貓兩三隻」來形容，空空盪盪，異常冷清。除了到餐廳、居酒屋吃飯之外，唯一的去處大概就是每年2月舉辦的旭川雪祭了。

創始於1960年的旭川「冬之祭」在2017年堂堂邁入第58回，在北海道受歡迎的程度僅次於札幌雪祭，舉辦時間為2月7日至2月12日，每年祭典會場共有二處，包括「旭橋河畔會場」與「和平通購物公園會場」。一般觀光客去的地方是以石狩川旭橋河畔會場（主會場）為主，如果說札幌雪雕以「大型雪雕」為訴求，那這裡的雪雕就是「超級大」了。不知道是不是以小朋友為訴求，過去幾年的主題都是「動漫」，有寬130公尺高20公尺的「變形金剛」，還有長100公尺的滑雪台，也創下了下全世界最大雪雕新記錄。除了超級大雪雕之外，還有一些民俗舞蹈可以看。最後還會施放煙火，讓活動達到高潮。

不過，不知道是不是這幾年在日本、歐洲看了太多雪景，我覺得這些大型雪雕、冰雕，對於天真爛漫的小朋友，可能興奮指數會高一些……。

▶ 延伸閱讀
旭川冬之祭
官網：http://www.city.asahikawa.hokkaido.jp/

層雲峽冰瀑季。

帶著赤子之心進入冰瀑的奇幻世界

層雲峽靠近旭川不遠處，位於日本最大山岳國家公園「大雪山國立公園」裡，是一個四季皆美的地方，以美麗的原始林、巨大的瀑布、秋天壯闊秀麗的楓紅與溫泉著稱。其中高度超過100公尺，連續24公里的斷崖絕壁，氣勢磅薄，更成為吸引觀光客前來的一大景點。

冬天時，從柱狀節理的斷崖絕壁流下的瀑布，結凍成冰，形成巨大的「冰瀑」奇景，景觀奇特，有如來到外太空的奇幻世界。冰瀑季從每年1月下旬至3月下旬，在石狩川近一萬平方公尺的廣闊河床上，打造出各式各樣的冰製建築，包括冰柱、冰隧道。

對我而言，冰瀑體驗是相當難得又有趣的經驗，在冰瀑裡的隧道中行走更是新奇刺激（雖然很容易滑到）。在難得一見的「冰瀑神社」中，有冰製神像，以及冰瀑賽錢箱，最有趣的是：所有人包括我在內，都硬生生地將硬幣「黏」在冰上許願祈福。

來這裡體驗冰瀑，別忘了越夜越美麗。日落之後，整個會場的冰製建築會被打上七彩燈光，營造出與白天不同的奇幻效果。看完冰瀑，別忘了回到層雲峽的溫泉飯店泡個舒舒服服的「湯」，這裡的溫泉相當出名，可要好好享受才是！而且每個周末夜晚還舉行包括冰瀑太鼓、「火之宴」等特別活動與煙火大會，千萬別錯過！

▶ 延伸閱讀
層雲峽觀光協會：http://www.sounkyo.net/

阿寒湖。泡湯、賞雪、參加祭典，一次搞定

阿寒湖是「阿寒國立公園」的一部分，早在1934年就已成立，因「雄阿寒岳」火山活動而形成的堰塞湖。湖緣長26公里，最深可達44公尺，四周被美麗的森林「雌阿寒岳」和「雄阿寒岳」環抱，湖水清澈，四季都有不同的景致，而且還有三大名產：溫泉、國寶級的綠球藻Torasampe（綠球藻的愛努語）、北海道愛努族部落Kotan（愛努族有名的木雕），十分受到觀光客的觀迎。目前此地有20多家溫泉飯店、80多家紀念品店，建議可在5至10月（夏季）和1至3月（冬季）前來。

阿寒湖的冬季，超乎想像的熱鬧。每到冬季，從阿寒岳挾帶而來的冷風，讓阿寒湖自12月下旬起，湖面開始慢慢結冰，大約到4月中旬才會融冰。冰層的平均厚度為1公尺，最厚可達4公尺左右，從每年1月開始，遊客可以在凍結的湖面，參加各項好玩的冰上活動。

人氣最高的應該是「冰上摩托車」、「冰上垂釣」和「冰上香蕉船」等活動，另外還有免費的冰上遊樂設施，如冰上溜滑梯等。從透明光滑的「冰」滑梯溜下真的是相當快速、相當刺激。我自己一個人，都可以跟當地的日本小孩玩得不亦樂乎，欲罷不能！

阿寒湖除了白天的「冰上樂園」活動外，每晚的阿寒湖「冬華美」冰上嘉年華活動，絕不可錯過！2017年「冬華美」期間自2月1日至3月12日止，晚間7點半，身穿愛奴族（北海道原住民）傳統服飾的表演者，會一邊持著火把，一邊跳著愛努族舞蹈。遊客可以體驗雪上摩托車、香蕉船等夜間活動，或品嘗熱牛奶、甘酒等美食。嘉年活動不算多，最後會在結冰的阿寒湖上，燃放美麗的煙火。

看完煙火，記得要回飯店泡「露天湯」，這裡泡湯的景致絕美，湖光山色盡收眼底，算是北海道泡湯的五星級享受，千萬不可錯過！

> ▶ 延伸閱讀
> 阿寒觀光協會：http://www.lake-akan.com/

深度玩・鐵道。

來趟幸福限定路線

圖片提供／蔡妘雅

穿越道南、道央、道東、道北，

來趟鐵道幸福之旅

「鐵道旅行好幸福。」這是每回我搭乘鐵道旅行時，都會浮起的感覺。

不管在台灣、瑞士、德國、法國，還是北海道，都會有這樣的感覺，搭乘瑞士、日本的鐵道，更是身心上的一大享受。在進行鐵道之旅時，不管是扮演旅人、領隊或團員，我會不由自主的放鬆，享受那片刻、得來不易的幸福時光。

最棒的是，可以一個人靜靜地享受。安全、舒適、寧靜，不被打擾。

在火車上，我習慣放空腦袋，看著窗外飛逝的景象，就像在戲院看著電影，隨著時間經過，會出現想像不到的驚喜。舒適的車廂、沒壓力的空間，容易讓我想起往事；想起小時候媽媽帶著我搭著火車到外公、外婆家；想著曾經搭火車，在台灣、世界各地旅行……。想著想著，時光飛逝，我已40好幾，雖然過往事物不再重現，但我依舊愛搭火車，愛鐵道之旅，愛在火車上懷念過去，回憶漫漫人生。

想起有部日本電影《不思議幸福列車》（旅の贈りもの—0:00発），片中的列車載著在都市中迷失的五位男女，從凌晨出發，各自展開不一樣的旅程，發展出不同的人生。之所以喜愛鐵道之旅，也許是因為期待人生像那「不思議幸福列車」一樣，沒有既定行程，沒有特定終點，列車開到哪，腳步就到哪；火車停在那，我就在那休息；天氣好，我欣賞窗外風景，天氣不好，就靜靜休息，等待好天氣。

圖片提供／梁文瀞

不用計較結果、不需要有目的，享受途中的過程與美好的時刻，珍惜旅途中的人事物。也許，這就是我要的人生，我愛的旅行吧！

北海道是日本最北的一級行政區，也是日本除了本州以外最大的島。北海道很大，南北寬420公里，東西長540公里。本島面積7.8萬平方公里，是台灣面積的兩倍以上。

想要玩遍北海道，最輕鬆愜意的方式，應該是搭乘JR北海道（日本國鐵）來旅行；再彈性搭配當地電車、巴士，或租用小汽車自駕遊，想必是最完美的交通組合了。最經濟、方便的方式是買「北海道鐵路周遊券（Hokkaido Rail Pass）」來使用，分成3日、5日、7日、任選4日等不同組合。不管是特急、慢車，還是特殊列車，都可任意乘坐自由席（有些標示「全車對號座列車」必須先事先訂位）。

北海道鐵路周遊券必須在指定的車站（函館、札幌、旭川、網走、釧路、新千歲機場）才有販售，時刻表、票價及相關資訊也可以在JR北海道官網上查詢。

從函館到札幌。

特急北斗號，奔跑吧！

常常去道南、道央（函館函館到札幌）旅行的人，一定對聽起來很炫的「特急Super北斗號」不陌生。特急北斗號車速很快，一天有12個班次，3個半小時走完「道南·道央」全程。

列車挺晃的，搭乘經驗沒想像舒服。不過，從函館出發，在森町之後可以看到漂亮的海，沿著海岸線一直到室蘭、登別的景致都相當不錯。

從札幌到富良野。

富良野薰衣草特急，期間限定

夏季要從札幌到富良野看薰衣草的人，多到無法想像。如果搭乘一般鐵路，必須在旭川或瀧川換車，搭慢車到富良野，花費的時間不少。雖然「富良野薰衣草特急」速度快，但我覺得座位、空間和觀景窗沒有期待的舒適或寬敞。如果不趕時間，真的還是比較喜歡搭慢車，一站站體驗沿途風光。

「富良野薰衣草特急」在6月到8月間行駛，最好先預訂位子；到了10月，列車就成了「富良野紅葉特急」了。

圖片提供／梁文嘉

從富良野到美瑛。

Norokko慢車號

富良野到美瑛之間，除了一般的慢車，也可以搭乘除了6月到8月間行駛的「富良野‧美瑛ノロッコ号」（Norokko號）。除了車速慢之外，列車最大特色是沒有玻璃、沒有窗戶，還有可以面對兩旁景致的座位，讓乘客輕鬆飽覽沿途風光。

一樣的列車，在4月至9月間，也有在釧路到塘路行駛的「釧路濕原慢車號ノロッコ号」（Norokko號），讓乘客體驗更特別、廣大的釧路濕原。

圖片提供／梁文瀞

釧路到川湯溫泉（釧路～標茶）

SL冬之溼原號

一邊坐著老火車，一邊吃著美味便當，一邊體驗冬日釧路濕原的景觀與丹頂鶴，不管是不是鐵道迷，這應該都是讓人想要體驗的鐵道之旅吧！而其中最大的賣點，應該就是建造於1940年代的蒸汽老火車頭！除了復古的老車廂，以及車上販售的「感動便當」之外，最有噱頭的，應該就是可以烤魷魚的烤肉架，真是太神奇了！

圖片提供／蔡妘雅

超幸福的，北海道鐵路美食與便當

在北海道搭乘鐵路，一點都不無聊。除了北海道美麗的風景，沿途還有親切可愛的車掌小姐，積極地銷售飲料、冰淇淋與鐵路便當。我最愛的有帶廣、十勝的冰淇淋、北海道限定啤酒，另外不同口味的鐵路便當，全部都是「無法抵擋」的好物。

各種便當中，除了「源五郎」的大沼牛牛丼便當相當不錯之外，應老婆要求，在小到不行的「森」車站內買的「章魚包飯」，應該算是最另類的鐵路便當。吃起來雖然滋味不錯，但後來在函館朝市找到更新鮮、份量更大，還更美味的「章魚包飯」時，我才知道原來許多鐵路便當，並不限定在火車站或火車上才有賣啊！

北海道的鐵道之旅真的很有趣，一邊看風景、一手吃便當、一手喝啤酒，最後再來份冰淇淋。下回，我應該找個沒太多觀光客的季節，展開個十天半個月的「吃吃喝喝鐵道行」。

一定超幸福！

圖片提供／蔡妘雅

深度玩‧泡湯。

北海道的療癒享受

泡湯之旅。

享受北海道一級棒的溫泉

日本人愛泡湯（愛泡溫泉），沉迷的程度，可說是世界第一，還跟日本傳統文化完美的結合，成為獨一無二的「泡湯文化」。台灣人從五十年前的日據時代開始，受到日本的影響，也愛上了泡湯活動，從北投、烏來、陽明山溫泉的高人氣，溫泉飯店的盛行，可見一斑。

日本泡湯的形式很多，街頭巷尾有許多「町湯」、「錢湯」，正是所謂的大眾澡堂、公共浴場；收費低，沒什麼裝潢，也不算溫泉。大家扶老攜幼、呼朋引伴到此，袒胸露背，開心的洗個澡，可以舒舒服服的睡一晚好覺。

日本的泡溫泉歷史相當久遠，可追朔到七百多年前，因為擁有太多的火山、地熱資源（如同陽明山山區），便開始用天然的溫泉洗澡。溫泉水有豐富的礦物質，對身體有消除疲勞、滋養皮膚、促進血液循環等「療癒」功效，慢慢的泡湯成為一種享受。大型「湯

屋」、「風呂」，甚至溫泉旅館也出現了，形成現在日本、台灣風行的「泡湯文化」。

日本知名演員「阿部寬」主演的日本喜劇電影《羅馬浴場》，大大消遣了羅馬人。讓飾演羅馬著名浴場設計師的阿部寬時空錯亂的到了日本泡湯，才有靈感建造羅馬浴場，甚至還引進日本人泡溫泉的方式，讓羅馬士兵藉由溫泉的療效，治癒了戰場上的傷痛與疾病，士兵最後還打了勝仗。以羅馬西元一世紀的時期來看，羅馬人應該比日本人更早懂得泡湯。不過，就像中國的「禪」在日本被發揚光大，泡湯與浴場，也被日本人完美地發揚了。這幾年全世界養身、慢活、修養心靈的風氣，日本泡湯也搭上了，從身體的「療癒」發展到心靈上的「療癒」功效，泡湯真是既神奇又時尚啊！

北海道擁有許多火山、地熱的地形，實在是泡湯的天堂，幾乎處處有溫泉，遍地是湯屋。包括知床半島、阿寒湖、釧路、屈斜路湖、二世谷、函館、富良野、美瑛，都是知名的溫泉區，一輩子都泡不完。我常跟學生說，等我們大家都老了，老到走不動了，就開北海道泡湯養身團，到時候大家搭著北海道鐵路，到處泡湯、吃美食、看風景、聊聊天，一定愜意得很。

羅臼熊之湯（熊の湯）

體驗野溪溫泉的快感

這些年，台東、花蓮興起了泡野溪溫泉的風氣。直接泡在溪谷中的天然溫泉，少了精緻的人工味，多了更多原始的趣味，也更加親近大自然，這是越來越多人愛上野溪溫泉的原因。

位在知床半島羅臼的「熊之湯」，正是以野溪溫泉聞名，據說有人因為在此泡湯時，看到知床半島的黑熊出沒，才有了「熊之湯」之名。姑且不論會不會遇上熊，來這裡泡湯真的挺有意思，除了一間小小的更衣室、儲物室之外，男生的泡湯處是完全沒有隔間的，可以很舒服地看著冬日雪地、森林，暢快無比。當然，所有人都是光溜溜的；日本幾乎所有湯都是裸湯。

「該不會真的有熊出沒吧？」一邊泡湯，一邊望著森林，自己還是忍不住想到這個問題。

屈斜路湖。

砂湯與古丹溫泉

在我的北海道祕境之旅中，曾經提到道東美麗的屈斜路湖，而此地同時也可以享受泡湯樂趣。最特別的是湖邊的「砂湯」，顧名思義就是在湖邊挖個洞，就可以來泡「砂湯」了。不過，砂湯名氣雖大，但真正傻到自己在冰天雪地中，挖個溫泉池來泡湯的人，倒是沒聽說過。心想，既然旁邊天鵝泡的溫泉池這麼大，乾脆跟天鵝們擠擠，一起泡湯算了？！

在砂湯不遠處，還有美麗的「古丹溫泉」，可以泡著露天湯，遠眺美麗的屈斜路湖與湖上的天鵝。唯一要注意的是，這裡因為跟羅臼熊之湯一樣沒有隔間，所以不能泡「裸湯」；不管男女都必須穿上泳衣，算是小小的遺憾。

能夠一邊看著廣闊景致、一邊舒服泡湯，愜意地度過一兩個小時，再暖呼呼的繼續下個旅程。這……實在是冬日最舒服的享受了！

圖片提供／蔡妘雅

阿寒湖。泡泡五星級的露天風呂

來到北海道好幾年了，如果要說哪裡的湯最美、最漂亮，實在難下決定。只要下著雪、積著雪，不管在森林中、湖畔邊，景色都棒。但若要說到最豪華、最舒適的露天風呂，那麼阿寒湖湖畔邊的「鶴雅溫泉渡假村」一定可以算是前幾名了。

由於飯店漂亮、裝潢新穎、房間內部特別，加上人員服務好，周圍的愛奴族藝品店又有意思，鶴雅的人氣相當高。對我而言，最棒的是這裡有上下兩個大型的溫泉風呂，能夠一邊泡湯，一邊居高臨下看著阿寒湖的美麗冬景，真是令人感動到無法自拔。遠望冬日的阿寒湖，美得令人屏息，在此泡上一天我都願意啊！

飯店溫泉內大都禁止攝影，所以鶴雅溫泉渡假村的大眾湯照片是飯店提供給我的，美中不足的是，我去的時候2、3樓的露天大浴場竟然正在整修，所以飯店也不提供照片了。等到裝潢好我一定要再來鶴雅，好好的度過一個真正舒服、徹底放空的溫泉假期。

在北海道泡湯，真的怎麼泡都不會膩！

深度玩‧滑雪。

家族同樂的幸福活動

冬日滑雪。

不管大人、小孩，保證玩到活力四射

時光飛逝，我到日本滑雪已經邁入第七個年頭了。每年冬天，我都會期待1月的日本滑雪快樂假期。滑雪之所以好玩、讓人欲罷不能，就是因為滑雪不僅適合大人、小孩，也適合夫妻、情侶、朋友，甚至親子同樂。

滑雪的好玩無庸置疑，但到底有多好玩？多刺激？多迷人呢？沒有滑過雪，沒見過真正滑雪場，沒花上幾天在雪道上飛馳而下的人，即使看過無數照片、影片，還是很難體會滑雪魅力。滑雪之所以神奇，是能讓40歲的大叔像「楊過」一般瀟灑，像擁有絕世輕功般的馳騁在雪地上；滑雪之所以美妙，能讓所有女性有如仙女下凡，像「小龍女」一樣在雪地上展現曼妙身影。

滑雪，用一種你所不知道的形式發現大自然。讓人更貼近山林、大地、雪地，沒有距離；讓人在瞬間拋開世俗煩惱、全心感受。滑雪時只聽見風聲、呼吸聲、心跳聲，用前所未有的感覺去感受自然、感覺大地、迎接飄來的片片雪花。

滑雪時，世界變得單純簡單，反而充滿無窮魅力。

初雪者想要滑雪，建議參加國內老字號的滑雪團，除了有專業教練之外，每回至少有5天的行程（滑雪3天至3天半），才能在

最短的時間內把滑雪基本功學好。只要有專業的教練，認真的學習，我周遭有許多朋友、學生，經過了第一天的「痛苦期」之後，在第二、第三天就可以輕鬆地在初級滑雪道（綠線）上，自在滑雪了。

「雪精靈」、「歐普雷」、「可樂滑雪」、「那魯灣」是台灣目前幾家專門在日本推出滑雪行程的「專業」滑雪團隊，除了有「國際」認證的專業教練外，也提供全日本價位、等級不同的滑雪行程，供程度好的雪友選擇「自由行」的方式前往。

這些年，我不只自己滑雪，也「包團」揪親朋好友、老團員、學生跟我去日本滑雪，光2016年就帶了兩團。44個位子，短短在幾天內就被秒殺了，2017年2月去日本白馬的滑雪親友團也在不公開的情況下，在出團前半年就滿團，可見滑雪風氣在台灣已日漸茁壯、越來越流行了。

報名滑雪團時，必須要選擇滑雪的類型（教練也有所不同）。我玩的是超過100年歷史悠久的Ski，而現在的年輕人，尤其是低於30歲的朋友，則熱衷可以耍帥，接近極限運動的Snow Board雪板。雖然很多教練覺得Ski上手容易，成就感大，不過對於年輕人而言，似乎在雪地上耍帥才是最要緊的事啊！

富良野。最適合初雪者入門的北海道滑雪場之一

每年12月到隔年3月，是日本東北、北海道的滑雪旺季，而在北海道除了富良野之外，知名的滑雪勝地不少，包括二世谷、留壽都，都是台灣滑雪客越來越愛的地方。富良野因為雪質好（粉雪）一直是北海道人氣一級的滑雪勝地。

富良野的滑雪場坐落於北之峰（離富良野車站約15分鐘車程）；然而，適合初學者，可以「ski in／ski out」的，則是新富良野王子飯店的專屬滑雪場。這裡除了是日本前十大滑雪場之一，也是北海道排名前三位的雪場，擁有10座纜車、23條滑雪道，初中高級滑雪道都齊備，不論是初學者或是滑了好幾年的老手，都能輕鬆享受滑雪的樂趣。

我通常推薦「ski in／ski out」的飯店給初學者，意思是可以直接在飯店穿上雪衣、雪鞋等裝備，跨出飯店，搭上纜車，就可輕鬆直達雪場，不用浪費時間與體力。新富良野王子飯店，就是一個「ski in／ski out」的滑雪場，而且飯店內有包括Buffet、日式餐廳、洋食餐廳、居酒屋等不同美食餐廳。累了一天之後，Buffet區「吃到飽」的螃蟹，絕對是所有人期待的超值美味！

除了美食之外，可千萬別錯過富良野的優質露天風呂。滑雪一整天後，天然的溫泉，舒服的泡湯，確實有相當大的療癒功效，可以讓人身心放鬆，再度迎接隔日的滑雪活動。

除了滑雪，雪地上還有許多好玩的！

對於日本人而言，冬日可不是躲在家中避寒的，除了滑雪，冬日裡還有雪上摩托車、香蕉船等活動可做。在一整年的辛勤工作之餘，冬日裡反而提供了全家休養生息、歡聚活動的機會。

每回在雪地上，看到臉上露出開心笑容的日本小孩，就有種溫暖的感覺；開心的表情，除了雪地活動好玩之外，應該還有全家人一起同樂的幸福感吧！

來滑雪吧！因為滑雪，我們與地球的距離好近好近！來滑雪吧！不管幾歲，都別放棄夢想；都別放棄嘗試好玩的事物！這才是有意思的人生啊！

▶ 延伸閱讀
雪精靈滑雪營 http://www.skicamp.url.tw/

深度玩・漫步。

發現浪漫的新方式

漫步北海道。

發現浪漫，一點都不急

「你趕時間嗎？我不趕。」自從幾年前轉業之後，這是我常跟朋友說的話。變成自由業的我，時間成了一個抽象的名詞，忙的時候，馬不停蹄，世界各地飛；不忙的時候，可以只做自己，發呆放空一整天。

所以，我忙什麼，急什麼呢？生活如是，旅行也是。

因為不忙、不急，「漫步」成了我最愛的旅行方式，不論是我愛的京都、奈良，還是北海道的函館、小樽、札幌，都成了可以漫步的好去處。漫步的時間、地點、心情，沒一定準則，只要人少、街道乾淨、天氣好、溫度適中，興致一來，走個一天也不成問題。

只要不忙、不急、慢慢地走，旅行就會變得更有意思、更不一樣。

小樽。

運河、倉庫、老街，充滿懷舊的浪漫情懷

因為電影《情書》選擇了小樽來拍攝；因為我喜歡的演員中山美穗、導演岩井俊二；因為青澀浪漫的愛情故事讓人心動……漫步小樽，不管四季何時，都是浪漫的事。

有人說，小樽除了運河，沒什麼看頭！這可真要為它叫屈。來到小樽，如果只花時間在小樽運河前架腳架、拍夜景，那真的是太可惜了。

小樽運河建於1914年，長約1.3公里，寬約40公尺，目前的小樽運河僅剩下一小部分。若是天氣好，我習慣在日落前到淺草橋上。小樽運河兩側的石造倉庫群（大正年間建造）、小樽運河邊的煤氣燈、運河上的倒映……隨便組合都是適合入鏡的迷人畫面。不過，跟夏日比起來，總覺得冬日的小樽運河更有味道，更加浪漫。

小樽的散步路線有好幾條，從小樽綜合博物館運河館出發，經過中央橋，沿著小樽運河，到淺草橋，這是最多觀光客必走的路線。最熱鬧的一條街是過了出拔小路，沿著堺町通，經過北一硝子三號館、LeTAO、北菓樓、六花亭、最後在LeTAO總店旁的廣場上結束。

沿途還有小樽著名的北一硝子（玻璃）工房、展示音樂鐘的海鳴樓、VENEZIANA
美術館，還有由倉庫改建而成，經典咖啡館「海貓屋」。還有無數的老房子、老店
舖、海鮮食堂、附設甜點的咖啡館。對我來說，坐下來喝杯咖啡、吃塊蛋糕，品嘗
LeTAO、北菓樓和六花亭的美味，是一定要做的事。這樣一來，半天都不夠。

還好，自己旅行的時候，我一點都不急。

北一硝子三號館是我心目中，燈光美、氣氛佳的地方，這裡分為日、西、鄉村三個地
方，除了販售各式燈具、玻璃工藝品，最讓我驚嘆的就是有167個油燈的咖啡館。因為
氣氛佳，這裡也是情侶、夫妻最愛的地方，不過因為燈光昏暗，用一般相機來拍攝是
相當困難的。值得一提的是，北一硝子創業於1901年，原本生產煤油燈，因為電燈產

業興起而沒落，現在轉變成玻璃工藝館，成了文化產業，也是現今小樽到處可見玻璃藝術品的由來。

到了晚上，別忘了花點時間，繞到運河後方的倉庫區，去看看昔日是倉庫，如今變成啤酒工廠的「小樽倉庫No.1」和食堂。除了品嘗必喝的小樽啤酒之外，由倉庫改裝成的啤酒工廠也很有看頭；不愛喝啤酒的人也可以到壽司屋通，坐在壽司吧台前，享受一下道地傳統的壽司大餐。

小樽，一點都不大，如果快步行走，兩三個小時就可以走完。不過，這麼浪漫、這麼迷人的地方，誰不想要漫步？誰捨得離開呢！

函館。

只要沒有人，怎樣漫步都好

跟小樽比起來，在函館漫步，人潮與觀光客明顯的少了很多。我的函館散步路線以函館車站為中心，往南可到元町區、元町教會區、函館山；往北可到五稜郭，甚至更北的湯之川溫泉區。

我喜歡趁著一早，從函館車站出發，搭著函館的老電車來到元町區、元町教會區。

上午8點左右的元町區，可是沒有什麼人的。函館公園、舊函館公會堂、舊英國理事館，函館教會區，似乎成了自己的小天地，怎樣走、怎樣玩都好。一路往教會區走，可以逛逛歷史悠久的函館東正教會。這個區域的面積不大，快步行走，不到一小時就走完；建議找個自己喜歡的咖啡館坐下，眺望港邊與海上的大小船隻，可感受函館參雜著異國文化的歷史背景與浪漫情懷。

旅行中，一個人漫步是難得的幸福。舒服、愜意又浪漫，值得好好珍惜。

別忘了，元町區的坡道很有特色，也是攝影師、畫家的最愛。名氣最大的，首推八幡坂的景色，可以從坡道上望向港邊，美景一覽無遺，不論是電視、電影都曾在此取過景，成為來到函館，除了函館山夜景之外，必拍的畫面之一。

建於1909年的金森倉庫群，是另一個我喜愛的地方，有濃厚西洋風格、紅色磚塊建造成的倉庫怎樣拍都拍不膩之外，這裡至少25家的店鋪組成的「金森洋物館」也很有意思，各種工藝品、生活雜貨、玻璃製品可以看看；附近的「函館明治館」，也有販售音樂盒等木工、玻璃藝品。

到了夜晚，千萬別錯過倉庫區的美食與啤酒屋，包括著名的函館拉麵、海鮮、壽司這裡都可以嘗到。不過我最愛的美食，還是函館朝市的新鮮海鮮，還有令人胃口大開的三色丼、五色丼（海鮮丼）啊！

大沼公園。四季都可來享受漫步樂趣的生態之地

大沼公園面積很大，如果把鄰近的小沼也算進去，光大沼、小沼兩地，用步行的方式應該半天都走不完。因為腹地遼闊、生態多樣、自然景觀豐富，所以這裡以「新日本三景」而聞名，也是北海道首屈一指的度假勝地。

園內有三座湖泊，最特別的是有126個小島點綴其上，如明鏡般的清澈湖面將活火山「駒ヶ岳」雄偉英姿倒映而出，景色十分迷人。在這裡，夏日可見無數夏荷，非常美麗，如果天氣好租輛自行車是非常愜意的，不管是漫步行走、湖畔漫遊、單車兜風或搭乘觀光船周遊小島，各種不同方式都能盡情體驗大沼公園。

到大沼公園的交通非常方便，從函館站搭乘特級JR列車約20分鐘就可到達大沼公園車站。下車步行約3分鐘就可到達，園內不收門票，沒有時間限制，喜歡慢遊、漫步的人千萬別錯過。

▶ **延伸閱讀**
大沼國家公園
http://www.onuma-guide.com/

札幌，北海道大學。

一邊漫步，一邊以「大志」自勉

相較於函館的異國文化、小樽的浪漫情懷，怎麼看都像個現代商業大城的札幌，少了不少漫步的樂趣。不過，還好我發現了怎麼走都不會無聊的地方；位在札幌車站北邊的北海道大學是個漫步的好所在。

北海道大學的歷史可追溯至1876年（明治9年），當初為「為開發北海道」而設立的「札幌農學校」，是日本第一所頒授學士學位的大學，也是北海道最高學府。校內到處可見創辦人克拉克博士的銅像與他的話語。

當克拉克博士要返回美國時，對送別的師生們說：「青年們，要胸懷大志！」（少年よ、大志を抱け。Boys, be ambitious.）。從此，「大志」成了北海道大學的校訓，並流傳至今。這兩字刻在校區裡的大石上，讓我印象深刻。

北海道大學的面積廣達6億6000萬平方公尺，位居日本第一，也是排名第二的東京大學的兩倍大。整個校區都是我喜歡漫步的好地方，不管是南北向的主要大道、知名的白楊木、銀杏林蔭道、「榆樹森林」。一年四季，這裡都有不同的景色。印象最深刻的還是冬日一早的光景，在積滿雪的森林裡，真的是美的無法言語。值得一提的是，校內福利社的麵包、甜甜圈便宜又好吃，這大概是北海道境內最便宜的麵包了。

我喜歡看著學生在南北大道上跑步，那景象充滿年輕人的活力與朝氣。

我想，不管幾歲，我都要活著有朝氣、有活力；胸懷「大志」、為「大志」而活。

我想，如果家長、老師都以「大志」勉勵學生、勉勵自己，而非貪圖安逸、金錢與虛名，或許我們的年輕人、社會也會變得不一樣。

深度玩・生態。

北海道的動物

住大城市的我，愛上動物了

這些年，我越來越不愛待在大城市了，不愛吵雜的環境與喧鬧的人群。在38歲轉業後，每個月在台灣與世界各地飛行，成了我的生活型態。忙碌充實、馬不停蹄的生活中，我需要休息；每隔一段時間，找個時間放鬆、放空、休息，是我生命中重要的過程。

好好休息、徹底休息。

這是「為什麼需要旅行？為什麼該去北海道旅行？」的原因。

北海道的大自然，原始、純淨，沒有太多觀光客與商業氣息。北海道很大，重點地區還是有不少觀光客，不過，只要遠離札幌、小樽和幾個大城市、熱門景點，一路往道東前進，不時就可以看見動物出沒。偶爾會出現狐狸、鹿群、野鴨、海鳥，甚至⋯⋯熊？！

膽大如我也怕熊，在北海道我也必須「小心熊出沒」！尤其在夏天的知床半島步道上，到處有「小心熊出沒」的警示。不過，北海道還是有很多「安全親近動物」的方法，比方說去動物園、牧場、農場等地方。

旭山動物園。

不可不來的日本高人氣動物園

旭川市的旭山動物園是日本最北端的動物園，不但在北海道有著高人氣，2006年夏天竟然還超越了有「熊貓」加持的東京上野動物園，成為日本目前人氣最高的動物園，也是小朋友到北海道指名必遊的地點。園內的北極熊、海豹，還有造型滑稽逗趣的企鵝，是園方的「人氣動物」。

「行動展示」是旭山動物園維持高人氣的新形態展示手法，它讓園區動物以原始、自然的方式呈現。為了更近距離觀察動物的生態，旭山動物園的許多設計，讓遊客可以清楚地觀察動物生動、活潑的姿態。例如在「北極熊館」中，遊客可從大水池裡，觀賞到北極熊戲水、游水的樣子，更能透過設於地面的透明玻璃圓罩，觀察北極熊在陸地上的模樣。

「企鵝館」的海底透明隧道，可讓遊客以360°全方位的視野，來觀察四種不同種類的企鵝生態，欣賞企鵝游泳的英姿。園方每天讓企鵝出來散步一到兩次，歷時30分鐘的「企鵝散步秀」是目前最高人氣、擠得水洩不通的超級熱門秀。遊客可近距離欣賞企鵝彷彿是閱兵、分列式的走路姿態，搖搖擺擺、滑稽又逗趣。另外，「海豹館」中也設置大型圓柱型水槽，海豹置身其中、悠閒地展現泳技，好不愜意。旭山動物園比想像大很多，強烈建議一早就要入園，在園內吃完中餐再走。冬天的入場時間只到下午3點（參觀時間10:30～15:30），尤其要注意。

► 延伸閱讀
旭山動物園：http://www5.city.asahikawa.hokkaido.jp/asahiyamazoo/

北狐牧場　北きつね牧場。

近距離看北海道狐狸

由於北見市的「留邊藥町」有大片山林，適合北海道狐狸居住，因此有不少狐狸牧場，「北狐牧場」就是其中之一。

跟北海道著名的景點相比，北狐牧場的人氣可說一點也不高。如果不是剛好位在層雲峽到網走的公路上，應該沒什麼人會特別過去。在北海道的道東、道北之地，看到北海道狐狸的機率挺高，所以若你是個真的很喜歡看狐狸的人，再付門票進去吧！無論如何，這裡也是在長途旅行中，一個可以歇腳休息或買狐狸紀念品的地方。

北狐牧場以野生圈養的方式，飼養銀狐、白狐、蝦夷狐等100多隻狐狸。牠們大搖大擺地四處走動，不太怕遊客。這裡有遊客專用步道，可以近距離觀賞狐狸各種可愛的樣子。不過，不能觸摸，也不可以餵食牠們。

在北狐牧場時有個有趣插曲，同行友人的相機因為放在雪地上，竟然被狐狸飛快的咬走，我在雪地上跌跌撞撞的追了好幾步路，好不容易才搶回相機。「狐狸咬相機」這種事情竟然會發生！不知道是不是餓壞了？

鶴見台。

在雪地裡遇見野生丹頂鶴的感動

小時候,常在水墨畫裡頭看到畫中的隱士、仙人,身邊總有仙鶴陪伴,殊不知仙鶴就是丹頂鶴,這是日本的「國寶鳥」,也被喻為吉祥之鳥。

丹頂鶴曾一度瀕臨絕種,直到1952年釧路的丹頂鶴被指定為「特別天然紀念物」,並實施多項保護政策後數量才有所增長。2011年,日本釧路市立動物園還贈送2隻丹頂鶴給台北市立動物園。

在北海道冬日之旅中,難得的生態之旅是看到野生的丹頂鶴。野生丹頂鶴最佳的觀察地點,集中在釧路濕原野西側的阿寒町和鶴居村,這裡有許多當地人餵食野生鶴群的餵食場,約11月到3月能近距離觀察到美麗的丹頂鶴。其中,鶴居村的「鶴居伊藤丹頂鶴保護區」與「鶴見台」等兩地,是知名的餵食場與賞鶴地點。

鶴見台餵食場是野生丹頂鶴的棲息之地,早在1963年左右,當時由老師與學生開始了餵食工作,到了1974年,小學廢校之後,就由附近的「渡部太太」接手餵食工作,一直持續到現在。餵食時間為每年11月至3月,分別在早上與午後2點半左右進行兩次餵食,場內每年會飛來約150至200隻野生丹頂鶴。沒有圍欄與鐵網,丹頂鶴來去自如,神態優美,往往吸引了大批攝影愛好者與愛鳥人士而來。

尷尬的是，這裡有個「中文」警示牌寫著：「請諸位觀光客們不要大聲喊叫，或者把石頭、雪、物品投入，否則會使丹頂鶴受到驚嚇，甚至發生傷害、死亡的情況，請諸位貴賓來愛丹頂鶴，靜靜觀賞。」此外，閃光燈、丟擲垃圾在這裡都是禁止的，也禁止進入給餌場和鳥巢，才不會破壞丹頂鶴與人類之間多年來建立的信賴關係。前來此處，千萬要遵守規矩。

看見丹頂鶴絕對是我在北海道的大大感動，這要感謝老天爺與菩薩幫忙。我到「鶴見台」的時候約在2點半左右，在此足足等了40分鐘卻不見半隻鶴。大名鼎鼎的渡部太太認真地拿著木杖維持現場秩序，在這裡說話稍微大聲都會遭到制止。就在快放棄時，說時遲那時快，大約有5至10隻的丹頂鶴像是進行分列式般的張開雙翅，從我頭頂飛過，優雅、輕鬆、美麗的從天而降，滑落在眼前100～200公尺遠的雪地上。稍後，抵達的丹頂鶴越來越多，最後約有20至30隻。

美得要讓人停止呼吸了！

白色的丹頂鶴群襯著雪白的大地，實在是美麗得無與倫比。現場只有快門聲此起彼落，沒人發出聲音；大家都怕渡部太太的木杖也是原因之一。

看著遠處美麗又優雅的丹頂鶴，不禁想到自比為「萬物之靈」的人類到底為地球做了那些貢獻？除了燒殺擄掠、耗盡地球資源外，又為這些生態環境做了些什麼呢？

感動之餘，有些慚愧，希望自己能做些什麼。為地球、也為了我愛的世界。

絕對必吃的「道產」美食

10大必嚐好味。

怎能不吃美食？

暢銷小說《享受吧！一個人的旅行》（Eat, Pray, Love）中，義大利人自豪地跟女主角說：「義大利人天生快樂，就是因為會享受美食！」書的英文原名把Eat放在首位，可見吃的重要。

「不吃怎麼快樂？不愛吃怎麼快樂呢？」因為享受美食就是「擁有快樂」最簡單、最重要的方法！

對於天生就是美食家的義大利人而言，「吃」就是快樂的泉源啊！也難怪義大利人自認為是全世界最快樂的民族。

擁有漢滿蒙回各族精華的中華料理，打著「民以食為天、吃飯皇帝大」的中華民族，應該是會享受美食的民族，只可惜有些人太重視「精緻美食」，有些人把享受美食當成是「奢華、浪費」的行為，背離了享受美食的真義，也失去了快樂、開心的方法。

「享受美食是簡單、自然、出於天性的。」

禪師主張：「心隨意轉、隨遇而安。」該笑的時候笑、想哭的時候哭、想跳舞的時候就跳、想唱歌的時候就高歌；找到美食就好好享受，有好酒就應該找好友來暢飲。

放開心胸、張開大口，珍惜當下，享受眼前，這才是真實的人。

才是真實的人生。

享受美食是開心的，世界上才會有這麼多人喜歡美食。享受美食無關財富、地位，不需花大錢；不用在乎米其林幾顆星、不用計較餐廳大小，排場多大；享受美食不管人數多寡，親朋好友可以歡聚，一個人也可以獨享。享受美食是要常常的，不管生活再累、工作再忙，每隔一段時間，就應該享受一下。

享受美食可以很主觀、很自主，不用在乎別人，自己喜歡就好，即使是一碗蓋飯、一碗拉麵、都能讓自己開懷。享受美食不是交際應酬、也不用狼吞虎嚥，最重要的是慢慢品嘗、細細品味，是花點時間就能享受的美好過程。即使是一個人旅行，在旅行的過程中，也該留點時間給自己，感受當地食物，享受當地人對食物的感情與熱情。

這才是旅行與人生的王道。

到北海道。大吃美食

「如果說日本是我心目中的美食天堂，那北海道應該就是天堂中的天堂吧！」

北海道有自然、乾淨的生態環境、豐富的天然資源，農、牧、漁業發達，螃蟹、烏賊、海膽、扇貝、生蠔，各種新鮮海鮮應有盡有。富良野牛、知床雞、帶廣豚（豬肉），幾乎北海道各地都有代表的當地美味。充沛優質的水質也生產了新鮮無汙染的野菜（甜玉米、馬鈴薯）、水果（哈密瓜、西瓜），還有品質可說是日本之最的乳製品（牛奶、起士、冰淇淋）、麵包、西點、蛋糕、點心。

當然，還有數不清的北海道限量地酒（當地名酒）、啤酒、麥酒、葡萄酒了。

所以說，北海道實在是美食天堂中的天堂！老饕心中的樂園！跟東京、京都、關西等地比起來，北海道的美食物美價廉，與京都日幣1萬元起跳的「會席料理」比起來，在北海道花日幣2,000～3,000元吃美食，就算是「奢華享受」了！

食材新鮮，種類眾多加上價格低廉實惠，來道北海道就是鬆開褲帶、大口吃肉、大口喝酒、好好享受就對了！

其他的事情，度假完再說吧！

北海道新鮮海鮮

必嚐好味。

函館朝市。品嘗新鮮海鮮與丼飯的美食天堂

如果說，北海道是展開美食「美食之旅」的好地方，函館朝市就是我心目中的「美食之旅」第一站。搭乘JR來到函館後，先進飯店放好行李，接著就是飛奔到車站旁的函館朝市了。

在餐廳、高級料理亭可以優雅、慢條斯理，不過來到漁市場，千萬要提醒自己「腳步加快！」朝市開市於清晨5時，閉市約中午12時，部分有提供內食的食堂頂多營業至下午5時。由於每家店舖、餐廳的營業時間不同，公休日也不一，來到漁市場，要格外注意營業時間。

由於漁市場內每家攤位小、店面不大，每日捕獲進來的漁獲數量不一，規格不等，賣完就沒，隔天也未必有。食堂內座位有限，先到先吃，限量「新鮮漁獲」賣完只好隔天再來試試運氣。所以，在漁市場吃美食只有一個秘訣，「動作要快，先搶先贏」。

函館朝市早於1945年函館前的廣場角落開始，至今超過60年的歷史了，從1956年遷移至現在「若松町」的所在地，過個馬路就是函館車站，位置相當方便。

目前共有160多間商店，按不同類別，如海產、農產、飲食店、食品加工分類陳設，由於商品多、店舖多、占地廣，去了函館好幾回，始終無法逛遍整個朝市，也吃不完市場裡頭的美味。來函館朝市，最好先清楚自己的喜好，早點開始逛，挑重點選擇，時間寶貴，別浪費了。若時間不足，直奔函館朝市的「橫丁市場」吧！

重點美食螃蟹、烏賊、海膽、干貝、牡蠣，務必要嚐到！

如果來一回，以上重點海鮮都能嚐到，那也真不枉此生了。

螃蟹、烏賊、海膽、干貝、牡蠣，一次嚐到

喜歡海鮮的人，千萬別錯過北海道。至於喜歡海鮮的饕客，也務必要來北海道的漁市尋找新鮮海鮮。

我一向愛吃海鮮。一直以為，品嘗海鮮的最佳方式，就是直接吃新鮮海鮮；只要食材新鮮、簡單的料理，就可以品嘗到「鮮嫩可口」的好滋味。不管清蒸、炭烤都好。

「天‧然‧的‧尚‧好」！

不管科技再進步，運送過程再快速，冷凍海鮮跟新鮮、活跳跳、直接從海裡送上桌的，就是有差別。到北海道最開心的，就是可以嚐到從漁場、海裡快速送上岸的新鮮海鮮。

這才是真正的「產‧地‧直‧送」。

為了要「產地直送」、留住新鮮美味，聰明又經濟的方法就是直接到漁市場「尋寶」。千萬別錯過北海道的三大漁市場。分別是函館朝市、札幌中央御賣市場（場外市場）、釧路的和商市場。我最愛的是函館朝市；交通便利、市場規模大是主因，當然還有那無法忘懷的超級美味。

螃蟹 かに。

不只是北海道，也是世界的第一美味

如果問我：「北海道哪種美味最值得品嘗？」北海道的螃蟹絕對是我心目中的「第一名」。

因為洋流帶來的豐富海洋生物，造就了北海道成為日本螃蟹最佳的漁場，也是螃蟹漁獲量最高的地方；鄂霍次克海的冰冷海水，讓螃蟹更加肥美，也讓冬日的螃蟹，有「冬之味覺」的美譽。

北海道有哪幾種螃蟹？最佳的賞味季節是何時？

人氣最高的三大螃蟹分別為：帝王蟹（鱈場蟹，賞味期：11月上旬至1月下旬）、毛蟹（賞味期：4月上旬至7月下旬）、松葉蟹（賞味期：每年的11月到3月下旬）。也可以說，除了8～10月的秋季外，幾乎整年都可嚐到螃蟹的美味。北海道的漁市場全年供應新鮮、肥美的蟹肉、蟹腳，可是對我們這些外地而來的觀光客而言，通常只有乾瞪眼、口水流滿地的份，儘管北海道漁市場的螃蟹再便宜，我們也無法買回飯店去料理。

真是「好・不・情・願」。

想要豪氣、大口的吃螃蟹，北海道的許多餐廳、飯店都有供應「放題」的自助Buffet，在日本只要看到有貼出「放題」的告示，就代表是「吃到飽、喝到飽」的消費方式。與「低調中見奢華」的京都相比，北海道的「放題」平價許多，包含牛、羊、豬、雞、蟹肉、海鮮，通常約日幣4,000～5,000起跳，多付日幣2,000，還包含兩小時的無限暢飲，適合不須擔心體重、身材走樣的年輕人大快朵頤。

不喜歡人擠人、吃到飽，可以選擇專賣螃蟹、標榜著美味「螃蟹」的專門店。在關西，名氣響亮的首推大阪道頓堀「螃蟹道樂」（かに道樂），它在京都也有分店。但在北海道，不知道是不是螃蟹到處都有，所以「螃蟹道樂」知名度不如關西，即使札幌車站旁有些規模不小的「螃蟹專門店」，不過名氣就沒「螃蟹道樂」那麼有名了。

在日本，我喜歡選擇專賣牛肉、蟹肉的「專門店」來享受美食。一來是開了幾十年、百年的老字號有一定招牌，品質有保障，二來是這些名店幾乎都有包廂，不管人數多寡，即使一個人都可以享受。

一個人能好好享受美味，心無旁鶩，實在是再幸福不過的事。

很多人好奇，北海道螃蟹哪種好吃？到底怎樣料理的螃蟹好吃？存疑了大半輩子，直到在函館朝市的橫丁市場，嚐了直接現撈的帝王蟹與毛蟹，這個答案終於揭曉。

原來，活跳跳的活螃蟹跟冷凍螃蟹，真的「差‧很‧大」。

原來，清蒸活跳跳的帝王蟹，是最好吃的。

一般人到函館朝市的橫丁市場都是吃人氣超高的各式海鮮丼（海鮮蓋飯），不過強烈建議饕客們，千萬要抽個時間，到橫丁市場尾端的螃蟹專賣店挑個活螃蟹，選定後秤重付錢，清蒸半小時就可嘗鮮了！能不能嚐到人間最美味的螃蟹，就靠這回了。

按照實際採買的經驗，毛蟹身形小，一隻約日幣5,000起，兩個人可合吃一隻；帝王蟹大得嚇人，最小號的也要日幣25,000。按照老闆規定，買活蟹一次務必要買整隻，因為剩下半隻死蟹也不能放回水裡去。所以，要吃到活帝王蟹，除了找到店家，人數也不能少，兩三個人鐵定吃到撐爆，有一回我找了10名團員，大家一口氣分食了一隻帝王蟹，分清蒸、炭烤兩種方式來品嘗，不沾醬，好吃的不得了。

「汁多味美、鮮嫩可口」這八字也不足以形容那瞬間美味的十分之一。

結束時，所有人包括我在內都意猶未盡，一致認為清蒸最美味；事隔多年，當時的美好的滋味始終清晰、未曾消退。自此之後，我不再迷網，不再道聽塗說，終於知道這「人間第一美味」是怎樣的滋味了！

海膽 ウニ。

來北海道務必要吃的極品

海膽，是個相當奇特又差異性極大的生物，外表漆黑多刺，裡頭卻鮮嫩柔軟；日本人與世界上眾多饕客，視海膽為珍奇美味，愛得要命，更因為它帶有金黃色光澤，又有「黃色鑽石」的美譽。

喜歡的人，說海膽滑嫩、甘甜又可口；不愛的人，覺得它既噁心又有腥味。不過，如果這輩子覺得海膽難吃，那北海道的海膽可能會讓您從此改觀；如果是愛吃海膽的內行人，歡迎來北海道，嚐嚐世界最頂級、最新鮮、最美味的海膽。

若遇上產季，找到最新鮮的海膽，保證讓您永生難忘，從此愛上海膽的絕妙滋味！

每年6月到8月，是北海道開放捕撈海膽的季節，其中以馬糞海膽（蝦夷馬糞海膽）及紫海膽為代表，此時的海膽，甜美飽滿、幼滑甘香。馬糞海膽的名氣大，台灣饕客也最為知曉，被日本人稱之為海中極品。因為它色澤金黃，肉地紮實，甜味也較其他海膽明顯，不但日本廚師喜歡，就連西洋大廚也愛用它作為高級料理的食材。紫海膽名氣雖然沒有馬糞海膽大，不過卻被認為是日本高級料理中最香甜，兼具海水鮮味的海產之一。

海膽由於甜味及鮮味重，不宜高溫烹調，幾乎所有的海膽料理都以「刺身」（生吃）為主。基於好奇，我在北海道吃過「炙燒」海膽（燒烤）。嚐了之後，怎樣都還是覺得「刺身」海膽美味許多。

愛上海膽是近幾年的事情。以前我老覺得海膽有一股揮之不去的海水味、腥臭味，而且份量少，價錢貴，難吃又不划算。等到有一回，在澎湖吃了現場馬上處理的新鮮馬糞海膽，才徹底改觀。原來，千錯萬錯，都不是海膽的錯，是自己沒嘗過新鮮美味的海膽啊！

從此，我愛上美味海膽，無法自拔！

在北海道品嚐新鮮海膽不難，我在和商市場、函館朝市的橫丁市場都能吃到不錯的「海膽海鮮丼」。有時，單吃海膽的感覺稍微腥了些，還是喜歡拌著醋飯一起吃比較習慣，不過，橫丁市場的外頭有食堂銷售「產地直送」、「魚場直送」的新鮮生海膽，吃起來又有不同的口感。

不過，傳說中北海道海膽的極致美味，是在道央的積丹半島與道北的稚內；一海之隔的「利尻島」，更因美味的馬糞海膽而人氣持續飆高；這裡的海膽以「利尻昆布」為主食，肉質甜美細緻，更是極致中的極致。

為了海膽，下回再來個道北「最北端」鐵道之旅，享受傳說中的「究極」利尻馬糞海膽吧！

烏賊 いか。
到函館不吃不可的Q彈美味

雖然不如螃蟹擁有「世界之最」的美味，但來到函館，這可是不可不吃的食物。因為烏賊可是代表函館的「市魚」，函館也就是「烏賊之鄉」了。從函館朝市前的人行道上有著烏賊圖案可見一斑。很多人說，函館最有名的「函館夜景」，就像一條在深海中的大烏賊一樣，在夜色中閃閃發光。

「鯣烏賊」是北海道人氣最高的品種，盛產季節是7月至9月間，這時海面的點點漁火即是夜間捕鯣烏賊的漁船；另外「槍烏賊」的盛產季節是3月至6月，所以在北海道，烏賊的賞味期至少有半年以上。很多人不知，日本人是全世界烏賊消費量最大的國家，據說全世界捕撈到的烏賊有四成進了日本人嘴裡。

在北海道食用烏賊的方法以生吃最多，燒烤則是其次，另外還有製成花枝丸、魷魚絲、烏賊乾、鹽漬烏賊等各種食用方式。其中「烏賊飯」（烏賊裡頭包飯）是一般人比較不知道的吃法，可以嚐嚐。

想要真正嚐到新鮮Q彈的烏賊，就要找所謂「產・地・直・送」的新鮮烏賊來吃了。函館朝市橫丁市場的各家食堂應該算是首選，一份烏賊生魚片約日幣1,000起跳，相當實惠。

新鮮的烏賊通常在11點前會被送到食堂，直接放在店裡的水族箱內確保新鮮；等到客人點餐後，活跳跳的烏賊才會被撈起，當下做成生魚片。所以，嘗鮮的饕客們千萬要算好時間，太早，海裡的漁獲尚未上岸；晚到，則活跳跳的活烏賊可能被搶光了。

「要不要處理掉烏賊頭和觸腳？」料理前，細心的日本店員通常都會這樣問。

我建議處理掉，比較不會影響食慾，動來動去的烏賊觸腳看起來有些殘忍。橫丁市場的「一花亭」特別在櫥窗架起電視螢幕，反覆播出頭被切除的烏賊，從客人的海鮮丼爬到桌上的「驚悚」畫面。雖然噱頭十足，但我個人覺得店家實在太超過，對烏賊不厚道了些。

吃美食吃到感官上不舒服，就沒意思了。

活いか踊り丼
1.890円

干貝 ほたて（帆立）。與牡蠣 がき

北海道是品嘗海鮮的天堂，說什麼也不能錯過北海道盛產的干貝與牡蠣！

干貝也可說是扇貝（干貝是其中肉質的部分），在日本又被稱為ほたて（帆立貝），跟牡蠣一樣都是北海道重要的養殖貝類，也是屬於北海道人最愛的好滋味之一。北海道的養殖漁業因流冰而生，每年12月到隔年3月，鄂霍次克海被流冰冰封，豐富的有機質海洋生物，滋養了海域，也讓北海道漁民發展出野放扇貝、牡蠣的養殖模式。近幾年因地球暖化，鄂霍次克海的流冰逐年減少，對北海道的養殖漁業造成了莫大的影響，令人不得不憂心。

每年5～10月是扇貝最肥美的採收季節，品嘗扇貝的方式多樣，生吃的方式最佳，直接淋上日式醬油，或做成海鮮丼、干貝丼，入口鮮甜。而燒烤的方式在應該在北海道各漁市，或小樽各海鮮食堂前的小攤位都可嚐到，一枚扇貝約日幣250 到300，絕對值得。另外，北海道出名的干貝糖也是許多人喜愛的伴手禮；傳說中的干貝冰淇淋至今我尚未嘗過，有機會可以來試試！

至於台灣人熟悉的牡蠣，在北海道道東，距離釧路不遠的「厚岸町」是北海道盛產牡蠣最有名之地，從9月到4月是最佳的賞味季節。牡蠣因為富含醣原及鋅等豐富營養素，被稱為「海洋牛奶」。新鮮的牡蠣可以說是人人都愛，我尤其喜歡，不管直接食用、燒烤、酥炸都相當鮮美。想要大吃牡蠣的人，可以參加每年10月上旬，為期十天在厚岸町「子野日公園」舉行的「厚岸蠔祭」（牡蠣まつり）。可以體驗萬人在草地上烤牡蠣的盛況，相當特別。

▶ 延伸閱讀
函館朝市之橫丁市場
網址：http://donburiyokocho.com/

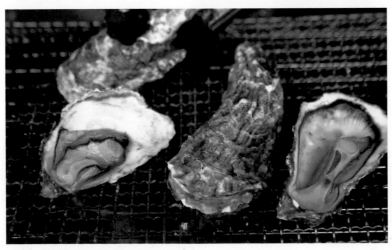

必嚐好味。

北海道海鮮丼

不管二色、三色，還是五色丼，大口吃就對啦！

日本丼飯也稱蓋飯，對於喜愛日本「平民美食」的人來說不可不嚐。相對於牛肉、豬肉、炸蝦或親子丼，我更愛日本的海鮮丼。除了美味，也是品嘗海鮮的另一種巧妙與口感！單吃海鮮，不管是螃蟹、烏賊、海膽、干貝，容易吃膩，刺身的蓋飯吃法，更能讓享用美食的樂趣倍增再加乘。

有什麼比來個大碗北海道五色丼更讓人過癮呢？

一次把新鮮肥嫩的鮭魚肚、紅色寶石般晶瑩剔透、閃爍光芒的鮭魚卵、白色鮮甜的干貝、滑嫩又Q彈的牡丹蝦、加上甘甜、入口即化的馬糞海膽，拌著醋飯一口吃下，真是美味到不行。這根本就是「極・致・幸・福」啊！

新鮮的海鮮食材加上香Q鬆軟的醋飯，是一碗好吃海鮮丼的美味關鍵。唯有「產地直送」、「魚場直送」的海鮮，才可能讓食客們吃到最新鮮的海鮮，也唯有日本師傅代代相傳的醋飯，才能巧妙的搭配著新鮮海鮮，讓米飯跟海鮮的混合，成為一種日本才有的味覺享受。

海鮮丼絕對是是北海道的代表美食，而且也是我心目中「平民美食」之最。

來到北海道最開心的就是可享受到物廉價美、真材實料的海鮮丼。漁市場附設的食堂或攤位，海鮮丼價格往往比在海鮮店、壽司店便宜個三、四成。一碗美味又大碗的五色丼只要日幣1,500！這種在全世界找不到的低價（台灣也找不著），根本是讓人作夢都會流口水。

真想在漁市場旁長住，天天吃海鮮丼啊！

去函館朝市。大口吃五色丼吧！

經濟實惠的價錢、超級新鮮的海鮮食材，交通方便、食堂眾多、選擇性高，函館朝市是我心目中，品嘗北海道海鮮丼的最佳聖地。不過函館朝市占地大、店鋪、食堂多，到底那裡才能發現美味的海鮮丼呢？

老饕教戰法則1，直奔函館朝市的橫丁市場吧！

橫丁市場是函館朝市離函館車站最近之地，擁有10多家海鮮丼食堂，價格又低，所以人氣永遠居高不下。總是會看到一堆觀光客、不管日本人還是台灣客，拉著行李在這用餐。因為每間食堂的空間小，周末或夏日旺季的中午用餐時間往往「大爆滿」，排隊人龍把小小的橫丁市場搞得人聲鼎沸、水洩不通，相當可怕。

老饕教戰法則2，務必錯開用餐時間。建議在11:30之前，或13:30之後。

這裡的食堂會在門口貼出各式漂亮的海鮮丼照片，所以點菜相當容易，不會日文也不用擔心。依據不同的食材組合，有一色、二色、三色，到五種食材的五色丼。對於美食，我有自己的堅持，不太相信網路，也不太相信評價，只相信自己的舌頭。我始終認為品嘗美食是主觀的，找到自己的口味，吃得開心最重要。

在日本旅行十多年了，我發現拉麵、海鮮丼這種日本「平民美食」，每家老店都有自己的支持者，所以很難說到底那家最美味。按照這幾年在函館朝市的觀察，「一花亭」、「惠比壽」、「馬子」是此地排隊最多的食堂。若有時間，我鼓勵大家多試試幾家（當然別試那沒人排隊的），找到適合自己的口味。

老饕教戰法則3，先來碗五色丼，體驗視覺、味覺的大滿足。

「馬子」是我這幾年在橫丁市場最愛的食堂。第一回，我習慣先來碗五色丼，把北海道的「重點精華海鮮」一網打盡，順便拍個照放到facebook上分享；第二回，再根據不同食材的產季、最佳的賞味時間，重點選擇。如果是在盛產海膽的夏季來，我的第二碗海鮮丼通常會是海膽加上鮭魚卵的「黃金」、「紅寶石」美味組合。

忘了說，「馬子」的「爆漿」鮭魚卵可是橫丁市場的一絕。至今我還想不出比這裡更鮮甜、口感更佳的鮭魚卵。「馬子」的店員會特別提醒，這裡的鮭魚卵「醃製」調味過，別再淋醬油或其他醬汁。嚐起來除了有鮭魚卵的原生滋味外，淡淡的柚汁香氣也摻雜其中。所以，第三回就再單點個鮭魚卵丼吧！

幾個回合下來，身心舒暢、味蕾滿足，做夢都會笑了！

釧路和商市場。

來碗自己DIY的「勝手丼」

釧路位在道東南端，是道東最大城市，雖然只有16萬人口，是北海道僅次於札幌、旭川、函館的第四大城，不過因為本身就是重要的漁港，所以這裡的「和商市場」也被列入北海道三大漁市場之一，千里迢迢地來到地處偏遠的釧路，不來吃個鼎鼎大名的「勝手丼」，未免對不起自己。

跟函館朝市的規模比起起來，和商市場像是個迷你版的漁市場，店家不到70家，走一圈可能半個小時就結束，但當地的「勝手丼」獨特且價位低，對於背包客或年輕人而言，人氣一直居高不下。

「勝手丼」的起源在於「想照顧吃不起高檔海鮮料理的年輕旅人」。於是將白飯與新鮮海鮮分開販售，每個人依據自己喜歡的份量大小、海鮮多寡，到市場不同的海鮮店舖，選購自己喜愛的海鮮與白飯，再DIY專屬自己口味的「勝手丼」。

雖然和商市場的海鮮新鮮、DIY「勝手丼」還算有趣，但不知是不是沒有師傅料理，而且用米飯代替醋飯，所以我個人總覺得不能算是真正的海鮮丼，也不如函館朝市「道地」的海鮮丼美味，加上環境簡陋（就是在市場裡擺上幾張簡單桌椅），總覺得「勝手丼」的噱頭成分大了些。

不過，有一回在老闆的慈惠下，我買了盒日幣2,000的新鮮海膽，整盒倒在白飯上，再大口吃下。這應該是這輩子吃海膽最「豪邁」、「舒暢」的一回了！

小樽「澤崎水產」

沒有漁市也可以嘗到海鮮丼

來到小樽，除了所有觀光客都知道的小樽運河外，不能不知道的是這裡有條著名的「壽司屋通」。「壽司屋通」顧名思義就是專門賣壽司的一條街，各家壽司店除了有壽司之外，也有價位比較低廉的海鮮丼。

這些年去了小樽好幾回，總是納悶，不知道是現在的觀光客體力不濟，不太能多走路？（從熱鬧的運河到壽司屋通約15至20分鐘），還是因為小樽「壽司屋通」的價位比起漁市場的海鮮丼高了些，相較於小樽運河旁的人聲鼎沸，空有名聲的「壽司屋通」卻沒有太多觀光客。冬日裡更顯蕭瑟。

「澤崎水產」海鮮食堂位在小樽運河旁最熱鬧的路段上，在「出拔小路」的老街內。「澤崎水產」的海鮮食堂在小樽算小有名氣，除了標榜「產地直送」的新鮮海鮮外，「澤崎水產」的光頭社長不時出現在店裡招呼客人，應該也是出名的原因。

這位表情誇張的社長先生，應該是我在日本見過最熱情與最會「推銷」的老闆了！

記得第一回到訪時，社長先生拿出日本雜誌來介紹店裡的海鮮丼，我拿出名片跟社長表明是台灣作家後，他馬上要求我幫他多拍幾張照片，配合度高的做出各種表情或姿勢。對於常被嚴肅日本老闆拒絕的我而言，這位熱情社長又擺姿勢、又做表情，還大方接受拍照，實在是攝影師的最愛；也難怪小小的店裡（店裡真的很小，一次只能擠下6個客人）始終絡繹不絕。雖然「澤崎水產」的海鮮丼不便宜，約日幣2,000～3,000，不過想到交通方便，還不用走到「壽司屋通」，加上怎樣拍都好配合的光頭社長先生，還是挺值得來一趟。

至於美不美味？嗯……我心中的最愛，始終還是函館橫丁市場的「馬子」！光頭社長謝謝你啊！

必嚐好味。

北海道拉麵

天冷就是要來碗熱騰騰的拉麵，

然後大口呼嚕呼嚕吃下去

到日本一定要嚐的平民的美食是什麼？當然是拉麵囉！

因為價位不高、湯頭美味、可快速料理、隨時享用，拉麵成了日本人氣最高的平民美食。在日本的每個城鎮、大街小巷都可見到拉麵店的蹤跡。當然，也成了旅客的最愛。

日本的拉麵可追溯到中國明朝，當時明朝遺臣朱舜水流亡到日本，在日本煮麵款待江戶時代的大名而來。而日本拉麵的ラーメン一詞，跟漢語「拉麵」相同，這也可說是拉麵來自中國的另一個證明。

日本的拉麵因為麵條香Q有嚼勁、湯頭濃郁、味道佳而吸引人，不過，美味與人氣不墜的秘訣在於拉麵的湯底。日本拉麵的湯底口感多樣、層次豐富、芳香又濃郁，以雞肉、豬骨、牛骨、柴魚乾（鰹節）、小魚乾、海帶、黃豆、香菇、洋蔥、蔥等基本的調味材料為主，再加入其他食材與各種水果烹煮，而成了不同湯頭。又因為各地的不同食材，成了只有當地獨有的「限量」口味。發展至今，讓拉麵成了日本各地都有自己特色的平民料理。

日本拉麵的湯底可分為醬油味、豚骨（豬骨）味、鹽味、味噌味四種，我喜歡依照每家店的招牌口味、季節不同，去品嘗不同的拉麵。日本拉麵因為含有過量的鹽分，口味偏鹹偏重，建議在品嘗時，隨時搭配冰水飲用（店家會提供），可適當去除舌頭上的鹹味與油膩感。當然，來杯清涼的生啤酒更加過癮！不同的湯底的說明如下。

豚骨味

最早發源自九州，我在京都「拉麵小路」的最愛「博多」拉麵，就是其代表。用豬骨
長期熬燉煮出的乳白色的濃湯，是怎樣都難以忘懷的好滋味。

醬油味

本州最多的拉麵口味，以日本醬油、雞肉、蔬菜製作湯底。店家通常有準備自己調製
的辣油給客人加味。

鹽味

麵湯清澈不油膩。源於大正時期的北海道函館，因此又被稱為「函館拉麵」。和其他
風味相比，是日本拉麵口味中較清淡的味道。

味噌味

使用雞肉熬製湯底，再以日本傳統的味噌醬調味，湯底最為濃郁，是我冬日在北海道
的最愛口味。

日本的三大拉麵由北到南為：北海道札幌拉麵、福島喜多方拉麵、福岡博多拉麵。至於
北海道的三大拉麵則是：札幌的味噌拉麵、函館的鹽味拉麵、旭川的醬油拉麵。

直奔札幌拉麵共和國，尋找我最愛的札幌味噌拉麵

味噌拉麵是日本拉麵中湯頭最濃郁、口感最重的拉麵，而札幌又以味噌拉麵聞名全日本。要一次嚐到好幾家北海道的美味拉麵，最簡單的方法就是直奔札幌車站ESTA大樓10樓的「札幌拉麵共和國」。不用出車站，可在ESTA 1樓，搭乘往10樓的直達電梯。雖然營業時間從早上11點到晚上10點，不過這裡的人潮可沒間斷過，永遠都有人在此大快朵頤。

避開用餐時間是必要的攻略法則。

札幌拉麵共和國共有八家拉麵店，而且每個月還舉行票選活動，選出「拉麵王」。好奇的人，可在用餐前先一探究竟，查看第一名拉麵王究竟在何處！這是攻略法則二。

創立於昭和44年的「梅光軒」，對台灣人而言，應該是札幌拉麵共和國中招牌最響亮的。除了這幾年成功進軍台北101打響名號外，梅光軒也是旭川最具代表性的拉麵店，創業近半世紀，在旭川及日本各地有多家分店。梅光軒以「豚骨醬油拉麵」著稱，在札幌拉麵共和國亦有分店，不過，我個人品嘗的結果，覺得湯頭鹹了些，不合自己的口味，有點可惜。

按照當地食客的推薦，「空」和「白樺山莊」是目前最受歡迎的兩家拉麵店。兩家都以「味噌拉麵」著稱，不過「空」比較合我的口味。每回到此排隊的人總是不少，不過為了享受那濃郁可口的味噌拉麵，花時間排隊算什麼呢！很多朋友跟我說味噌拉麵口味油膩又鹹，不過我老覺得在冬日中，它是我愛的絕佳好味。

白樺山莊將叉燒豬肉切塊，還加了黑木耳是比較特別之處。最大方的就是，在桌上放了一籃籃的白煮蛋，可以讓客人無限制地盡情享用。日本的雞蛋營養又好吃，白樺山莊這一招真是太受歡迎了！

雞蛋「無料」（免費）吃到飽，真有誠意！像我這樣年紀的大叔也可以多吃幾個嗎？

狸小路炎神拉麵。

會噴火的味噌拉麵就是特別啦！

去札幌拉麵共和國吃拉麵吃膩的人，可以到札幌其他地區換換口味。我心目中的「札幌美食區」有三地方：札幌車站、狸小路、薄野（すすきの）。另外兩個地方也非常方便，只要搭地鐵到「大通公園站」或「薄野站」就可以。雖然「炎神」跟我最愛的「空」及「白樺山莊」一樣，賣的都是味噌拉麵，不過因為它的座位佳、營業時間長，以及「拉麵會噴火」幾個不錯的優點，所以常吸引我過去消費。

位在狸小路的炎神擁有我在日本遇到過最棒的座位（1樓）；黑色的皮椅對我而言，算是拉麵界「Benz」級的座椅，相當舒適。加上，營業時間到晚上11點，如果逛街、買東西逛累了，可以來此來碗拉麵當消夜。一定要提的是，炎神的師傅會在入口處的廚房，表演「噴火拉麵」的絕技，雖然這不是日本唯一會「噴火」的拉麵，不過每回看到拉麵上冒出熊熊烈焰，還是相當刺激，讓人無法轉移視線啊！

擁有80年歷史的悠久老店

函館鹽味拉麵 「麵廚房 味彩」あじさい。

本店位在五稜郭旁，不過因為交通方便的緣故，我習慣在從函館車站搭電車不到10分鐘，金森倉庫群的「美食俱樂部」分店享用。雖說味彩是家歷史悠久的老店，可是分店內的設計卻相當新穎，絲毫沒有日本老店的感覺。

有點小遺憾⋯⋯我還是比較喜歡有老店味道的日式拉麵食堂啊！

雖然店內設計相當新穎，但這裡的鹽味拉麵完全沒辜負它的老字號招牌，由豬骨、雞骨加上道內產的高級海帶所熬製的湯汁，透明香醇。因為口感沒有味噌拉麵濃郁，口味重的客人，還可加入店內特製的辣油，讓味道更加不同。

湯底的口味清淡，從頭吃到最後也不會太過油膩，四季裡不管何時經過此地，我想我都會來此點碗鹽味拉麵。

冬日在北海道旅行，常常不知不覺地就想要來碗熱呼呼的拉麵！呼嚕嚕的好過癮啊！

函館麵廚房

味彩

必嚐好味。北海道壽司

壽司 すし。

讓人輕鬆，又能方便享受的美味

壽司的美味，對於台灣人而言，毫不陌生。這種以新鮮海鮮、肉類、蔬菜搭配日本醋飯的食用方法，聞名於世。新鮮海鮮是成就美味壽司的關鍵，也是北海道的特產。所以，來到北海道怎能不享用美味壽司呢？

跟海鮮丼比起來，品嘗壽司要顯得正式多了。慢慢享受握壽司中不同食材帶出的美味，是一種雅致的享受；坐在壽司店的吧檯，看著壽司師傅的巧手，三兩下捏出美味、新鮮又美麗的握壽司，又是一種充滿新奇的享受。壽司師傅彷彿魔術師的雙手，可以神奇地變化、捏出無限的把戲，是美味之外的另一種視覺饗宴。

最棒的是，這樣的過程，一個人就可以完全享受。這也是我愛日本的地方。

政壽司、函太郎。

當傳統壽司遇上迴轉壽司

小樽的「壽司屋通」，光聽名字就知道是以壽司店出名的地方，其中又以開店至今已有七十多個年頭的「政壽司」最為出名，它也是觀光客來到小樽，指名要品嘗的美味壽司老店。

光是在小樽，政壽司就有兩家店，分別是在壽司屋通的本店與在運河旁的「ぜん庵」分店。依日本的物價而言，店內的餐點算是中價位消費，一份壽司套餐日幣三千多元起跳，不會說日文、看不懂日文的觀光客，也能按圖索驥的點菜。當然，豪華的菜單也沒少，高級的「黑鮪魚」握壽司全餐，人氣相當高。

在壽司屋通，除了政壽司之外，還有其他家傳統壽司店。不過，不知道是因為店面小、網路知名度不高、媒體曝光少，這些傳統壽司店幾乎可用「門可羅雀」來形容。彷彿所有觀光客、人潮都往小樽運河去了。

運河旁除了政壽司生意相當好之外，在運河最熱鬧的淺草橋旁，還有間大型的迴轉壽司「函太郎」也不惶多讓；一整天門庭若市，人潮多得嚇人，用餐時間排隊等個半小時至一小時，是常有的事。

創立於昭和57年（1982年），本店在北海道函館的函太郎，在日本至今已成功開了18家分店，包括在五稜郭、小樽的分店，都大大受到在地人與觀光客的歡迎，也完全擄獲了我的心。

然而這幾年，迴轉壽司的興起可說大大衝擊了傳統壽司店的生意，相對於小樽的「壽司屋通」也是一樣。迴轉壽司由日本人白石義明發明，因見到朝日啤酒的啤酒輸送帶，而將其輸送帶的概念應用到壽司店；1958年白石於大阪開設第一間迴轉壽司店，在1990年代日本泡沫經濟開始後，越來越受到一般大眾歡迎，2001年間，日本全國的迴轉壽司店竟達到3000家，同時期傳統壽司店卻倒閉了許多。

對於日本傳統的壽司店與平價的迴轉壽司，我有著難以割捨的心情。喜歡傳統壽司店的氣氛，壽司師傅與客人的良好互動，可是在時間、價位、點菜的難易度上，對不懂日文的觀光客來說，確實是相當困難；迴轉壽司只要食材好、食材新鮮，就可讓一般大眾輕鬆、快速、開心地享受大吃壽司的樂趣。

再過十年，不知道傳統壽司店會不會越來越少了？對於傳統壽司店，我有種不捨的心情，深怕那些愉快的用餐經驗，將成為回憶啊！

必嚐好味。

成吉思汗烤羊肉配札幌啤酒

札幌。

可大口吃肉，大口喝酒的城市

很多人知道，札幌是北海道最大的城市，擁有最多的人口、最繁華的商業活動，也是進出北海道的重要門戶。可是，如果問到「札幌的道地美味是什麼？」多少人知道？

味增拉麵？湯咖哩？成吉思汗烤羊肉？都不是啊！「札幌啤酒」才是歷史悠久、深受札幌當地人喜愛的道地美味啊！

「讓乾杯更加美味！」（乾杯をもっとおいしく）

這是札幌啤酒的企業口號，我很喜歡。倘若，每個人都想讓人生更加美味、更加不同，相信這個世界就會變得更不一樣！這幾年我自己創業，在世界各地開了不同的旅行團，也接觸到各行各業的老闆、前輩們。我越來越堅信，「用心」與「不同」就是讓自己事業與人生更美好的重要關鍵！

札幌啤酒。

超過百年的好味道，札幌人的最愛

來到札幌，尤其在最適合喝啤酒的夏季，怎能不咕嚕咕嚕的喝下「札幌啤酒」呢？這可是札幌人的最愛、北海道最受歡迎的道地美味啊！

很多人不知道，早在明治9年（1876年）日本政府的北海道開拓使中，就已在札幌市創建了「開拓使麥酒釀造所」並開始釀造啤酒。這是札幌啤酒的前身，札幌也就成了「札幌啤酒」（三寶樂啤酒）的發源地。品牌名取自於札幌的英文名「SAPPRO」，啤酒包裝上的星星符號，代表的是北極星，正是「開拓使麥酒釀造所」所有者，北海道開拓使的徽章。札幌啤酒繼續沿用這個具有歷史意義的徽章，成為札幌啤酒永遠傳承的傳統。

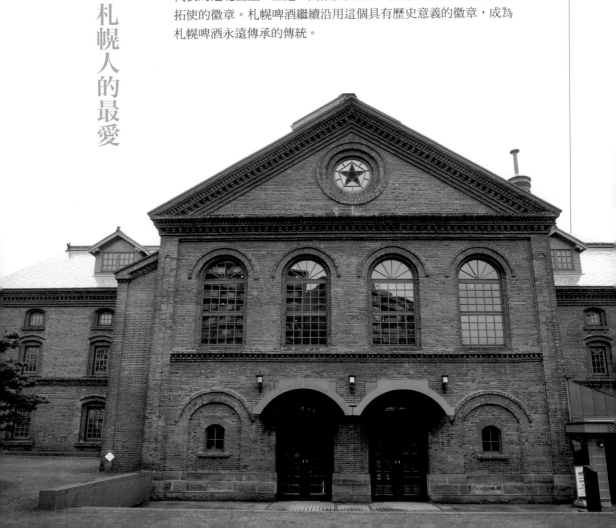

札幌啤酒公園 サッポロビール園。

大吃大喝的第一站

札幌啤酒園（Sapporo Beer Garden）對於愛喝啤酒、大口吃肉的我來說，絕對是來到札幌，不可不造訪的「必遊景點」，其中在1987年開放參觀的「札幌啤酒博物館」，更是公園裡必遊的第一站。這裡有歷史悠久的紅磚啤酒工廠、大型的啤酒釀造缸，都是吸引人的視覺焦點。除了可以了解北海道開拓史的歷史、札幌啤酒的歷史與啤酒釀造的過程外，最棒的還有試飲新鮮啤酒的機會！

剛出場的新鮮啤酒真是美味加倍！愛喝啤酒的人都知道，剛出廠的新鮮啤酒可說是超級美味、芳香四溢，可遇不可求啊！這裡不可錯過的，還有歷年來所有札幌啤酒瓶、啤酒罐與老海報，還可以看到許多年輕時喜愛的日本玉女明星、日本偶像，他們現在都成了歐巴桑、歐吉桑囉！

札幌啤酒園的占地相當遼闊，除了啤酒博物館之外，必嚐的就是園內的「成吉思汗」（ジンギスカン）了！

來到札幌，成吉思汗烤羊肉是必嚐美食，也是札幌的名物之一。

雖然有人說，北海道的成吉思汗烤羊肉，就是台灣的「蒙古烤肉」（現在還有人吃台灣版的「蒙古烤肉」嗎？），不過料理的方法不同，烤肉器具不同，口感也不一樣，而且北海道是以烤羊肉為主食。有了北海道美味的啤酒、羔羊肉加持，美味程度可是比台灣的「蒙古烤肉」翻上好幾倍啊！

若是第一次在北海道體驗成吉思汗烤羊肉，「歷史悠久、氣勢宏偉」的札幌啤酒公園內的啤酒老工廠便是個好地方，保證感受上全然不同。老式的磚房廠內，還有巨大的銅質啤酒釀製爐，實在是超有感覺，不小心就讓人殺光記憶卡容量啊！

店家資訊

サッポロビール園

地址：札幌市東區北 7 条東 9 丁目 2-10
電話：0120-150-550、011-742-1531
營業時間：11:30 ～ 22:0，全年無休（12 月 31 日除外）
網址：http://www.sapporo-bier-garten.jp/

除了好吃的成吉思汗烤羊肉，美味新鮮好喝的札幌生啤酒當然不可少，這裡有三種「招牌酒」可選擇：生啤酒、黑生啤酒、和半生啤酒半黑生啤酒的混合。如果食量大、酒量好的年輕朋友，可選擇「放題」（吃到飽）的消費模式，只要日幣兩、三千元就可以吃到飽、喝到飽，是不是很不可思議？如果是重視美酒、高級羊肉的饕客，還是建議用單點的方式，好好品嘗「上等羊肉」和美味生啤酒，才是享受。

另外兩件事項提醒，這裡記得要先訂位，才能搶到在啤酒老工廠內吃成吉思汗烤肉的好位子；還有夏天的室內溫度太高，建議在戶外品嘗。到札幌啤酒公園的交通相當簡單，在札幌車站北口公車站有直搭巴士可搭乘，約15分鐘可到。

達摩。
到薄野體驗「平民版」成吉思汗

札幌啤酒公園規模大，可看的東西多，可惜觀光氣息濃了些，少了我愛的「在地人文味」與「平民味」。有一回當地人特別推薦我晚上到薄野（すすきの），說這裡有道地又美味的居酒屋、成吉思汗烤肉店。馬上二話不說，立馬出發！

雖然薄野曾是札幌的聲色場所，不過只要在大馬路邊行走，即使半夜，還是相當安全。對於酷愛日本平民美食、「深夜食堂」文化的我來說，因居酒屋、啤酒屋、餐廳、夜店聞名的薄野，實在是一處「夜間限定」的美食天堂。從札幌車站搭地下鐵，才兩站，不到5分鐘，就可以來到薄野，感受當地人口中的夜間生活！限定美食！

薄野的居酒屋，竟然平均營業到凌晨5點！太過癮！太感動了！吃到天亮再搭地鐵回飯店吧！

昭和29年（1954）年創立的「達摩」（だるま），至今有60年了，可說是札幌人氣最高的「平民」成吉思汗烤羊肉店；我選擇的是夜晚十分熱鬧的「薄野分店」。

外表看來普通的達摩，排隊的人潮似乎永遠沒間斷過，小小的店內滿滿都是人。雖然店內貼心地準備衣櫃讓客人放大衣或外套，但大量的濃煙還是讓我有點吃不消。跟札幌啤酒公園比起來，這裡消費便宜、交通方便，「在地味濃」（煙味更濃），但羊肉品質好，又可吃到凌晨，相當受當地上班族與年輕人的喜愛。

有一回晚上5點，我選在達摩一開店就衝過去，沒想到當地人早就在門口排隊等候了，達摩在札幌的超高人氣可見一斑。強烈建議別週五、周末夜過去，那時店裡可是人聲鼎沸，一位難求啊！

> **店家資訊**
> 本店地址：札幌市南5条西4丁目，Crystal大樓1樓
> 6.4支店地址：札幌市中央區南6西4，野口大樓1樓
> 4.4支店地址：札幌市南4条西4（四號出口）
> 營業時間：17:00～凌晨，不可預約
> 網址：http://best.miru-kuru.com/daruma/

小樽啤酒。

在小樽倉庫No.1中，體驗不一樣的啤酒

來到小樽，千萬別以為小樽只有運河可看，這裡還有為數眾多的藝品店、海鮮食堂、壽司店，甜點店；當然，少不了「小有名氣」的小樽啤酒。

雖然沒有札幌啤酒有名，但走在小樽，仍可看到「復刻版」的小樽啤酒到處販售。小樽啤酒、小樽啤酒廠於1995年開始以德國釀造法，「啤酒純粹令」為依據開始釀製；啤酒中只添加麥芽、啤酒花、水及酵母，不添加任何人工香味，其中的酵母為啤酒廠自行生產，酵母不同，也為啤酒增添不同的風味。

北海道的水質相當純淨，各種條件更造成小樽啤酒的獨特風味，可說是小樽的高人氣飲料。若跟我一樣真心愛啤酒的美味，又愛體驗不一樣的啤酒屋，強烈建議來小樽的「小樽倉庫No.1」走一趟。

小樽倉庫No.1是小樽1號倉庫的意思，座落在運河邊的倉庫群。從最熱鬧的運河口往港邊走，約5分鐘可達。小樽倉庫No.1號稱是小樽啤酒的發祥地，店內有數台大型的啤酒釀造缸，除了提供三種不同的特色啤酒和餐點外，每天從上午11點到傍晚，每半小時就有小樽啤酒製作的見學活動，也是觀光客喜歡參加的行程。

小樽運河旁到小樽車站相當近，搭計程車5分鐘可到，車費約700日幣內。所以喝到晚上，在午夜前搭上最後一班列車回札幌，就不怕沒地方過夜了。來到浪漫的小樽，怎能不在超有味道的小樽倉庫裡，度過一個大口喝酒的美好夜晚呢？

旅行，就是要對自己好點。

店家資訊
地址：小樽市港町5-4　電話：0134-21-2323　營業時間：11:00～23:00

夏季的北海道

就用「乾杯」來揭開序幕吧！

不管愛不愛啤酒，愛不愛喝酒，無論如何也要在札幌啤酒祭時，來札幌大通公園。瞧瞧幾萬人一起喝啤酒的盛況？看看幾萬人一起舉杯、一起暢飲是怎樣盛大熱鬧？

除了富良野跟美瑛的夏季花海，北海道夏季絕不能錯過的盛會，首推「札幌夏日祭」。「札幌夏日祭」的活動中，以「札幌大通公園啤酒園」最受歡迎，是全日本最大型的啤酒節。或許因為大通公園交通方便，其中最熱鬧、最多人參加，就是在札幌大通公園舉行的「札幌大通啤酒園」。

在7月底到8月底為期一個月的時間，可以說是天天人山人海，座無虛席啊！依照經驗，最好傍晚就到大通公園占個好位子。在這場盛會中，大通公園搖身一變成為偌大的露天啤酒派對，就像德國慕尼黑啤酒節一樣熱鬧。所有的日本啤酒大廠也都到齊了，包括札幌啤酒、朝日啤酒、Yebisu黑啤、Kirin麒麟啤酒以及Suntory都有自己的攤位跟酒促小姐，爭奇鬥艷、熱鬧非凡啊！

這一刻，不管是日本人、台灣人、中國人，還是韓國人，拋開一切，開懷暢飲吧！

夏天的北海道，就是要開心熱鬧、痛快淋漓地喝著大杯啤酒才過癮啊！

HOKKAIDO

湯咖哩與日式咖哩

必嚐好味。

湯咖哩 スープカレー

當湯咖哩遇上日式咖哩，你選哪一道？

很多人到日本，必定會吃日本傳統平民美食的日式咖哩飯；可是來到北海道，日式咖哩飯有了變化，成了不可不嚐的北海道美食，札幌名物「湯咖哩」。

日本的湯咖哩，發源於札幌及鄰近地區，是北海道當地的特產食品；可說從日式咖哩及歐式咖哩變化而來，同時也受到印度、東南亞等多種咖哩料理的影響。不過演變至今，湯咖哩早已成為北海道札幌的代表名物與特色料理，也因為融入許多異國風味與健康食材，大大受到女性消費者的青睞。

湯咖哩的湯汁大多使用雞骨、牛骨、豬骨、蔬菜，加上各種香料熬煮而成，濃郁可口、芳香撲鼻。另外搭配北海道引以為傲的各式野菜（蔬菜），包括我愛的紅蘿蔔、南瓜、馬鈴薯、青椒、番茄，加上北海道各地著名的雞肉、豬肉、羊肉，甚至扇貝、蝦、烏賊等海鮮食材，真是豐盛、可口又健康！也難怪，近幾年「湯咖哩」還從札幌紅到日本各大城市，成為一股流行風潮。

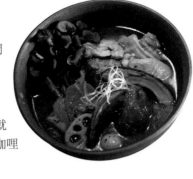

人氣超高的札幌湯咖哩

Picante湯咖哩。

小小店面的「Picante」湯咖哩專門店（ピカンティ），不知道為什麼人氣超高。難道是因為日本、台灣各大雜誌、旅遊書都大力推薦嗎？記得我在不到11點半的開店時間，就來到北海道大學附近的Picante湯咖哩卡位，沒想到店內幾乎要爆滿了。

這裡的湯咖哩標榜著使用著名的「知床雞」，同時搭配著各式野菜，濃郁的咖哩湯汁，真的證明大家的眼睛都是雪亮的。

因為不接受預約，千萬記得要提早來。札幌車站前還有一家Picante分店，但座位少了許多，遇上用餐時間應該會更多人吧！

▶ 店家資訊
北大店
地址：札幌市北區13条西3丁目Acroview北大前1F
電話：011-737-1600，不接受預約
營業時間：11:30～23:15
交通：地下鐵南北線北12条站下車徒步5分鐘
札幌車站前店
地址：札幌市中央區北2条西1丁目8番地青山大樓1F
電話：011-271-3900，不接受預約

網址：http://www.picante.jp/

五島軒咖哩。

傳統日式料理，果然越悠久越美味

不同於札幌湯咖哩，北海道還是有傳統的日式咖哩飯。位於函館，創立於1879年（明治12年），至今已經有130多年歷史的五島軒，可算是日式咖哩飯的超級老字號。

五島軒在函館五稜郭的遊客中心內設有「五島軒Express」；但想要享受高級名店的氣氛與完整套餐，建議到位在函館山纜車站出口附近的「五島軒本店‧Restaurant雪河亭」，這裡可不只賣咖哩飯，還有法式料理的完整套餐，相當適合夫妻、情侶，來此享受浪漫的一餐。跟京都比起來，這裡的高級料理便宜很多，美味卻不減。五島軒本店應該是我在日本吃過「最正式」的日式咖哩飯了，相當特別，推薦給喜歡嚐鮮的朋友。用餐完畢若喜歡料理，還可選購店內銷售的咖哩料理包。

「只要一次混合兩包以上的咖哩包，就能料理出美味的咖哩飯。」這是當年在英國唸書時，日本朋友傳授的咖哩料理密技，相當實用。

> **店家資訊**
> 地址：函館市末廣町 4-5（本店）
> 電話：0138-23-1106
> 營業時間：11:30 ～ 20:30
> 網址：http://www.gotoken.hakodate.jp/

森之時計。

讓人會喜愛的咖哩飯與白醬蘑菇飯

位於富良野王子飯店森林裡的「森之時計」，可說是在北海道旅行時，自己最愛的咖啡館了。木頭的小屋，配合窗外的森林美景，一年四季，不管何時，只要在此喝上一杯咖啡，休息片刻，就會有種恢復元氣的感覺。除了「森之時計」的咖啡相當有名外，這裡提供的咖哩飯與白醬蘑菇飯，也是會讓人回味的美食。

雖然我一向喜愛日本的日式咖哩飯，不過幾次品嘗下來，這裡的白醬蘑菇飯倒是特別許多，也讓我懷念許多。

我喜歡「森之時計」靜謐舒適的環境，一個人也能輕鬆自在的品嘗咖哩和咖啡的美味。在「森之時計」裡，不但美味跟著加倍，連咖哩也更香更濃了。

必嚐好味。

北海道洋食

洋食 ようしょく

除了日本傳統料理，也來吃吃洋食吧！

「洋食」是受到西方料理、西方飲食所產生的日本料理，包括咖哩飯、蛋包飯，都可算是日本的洋食。對於一般到日本旅遊的觀光客而言，往往忽略了其中的美味，尤其是來到我心目中的「美食天堂」北海道，大家光是新鮮螃蟹、海膽、烏賊、海鮮丼飯就吃不完了，那還有時間跟胃口去嚐嚐北海道洋食呢？

如果這樣想，那就大錯特錯了！

相較於全日本，北海道的洋食可說是相當美味！或許口味沒有我在法國、義大利嚐過的西方料理那般道地，但是本著日本達人精益求精的料理精神與廚藝，加上北海道著名的野菜、富良野牛、美瑛牛、知床雞等美味食材，這裡的洋食，真是好的讓我耳目一新！

麥秋。富良野的洋食大驚喜

「麥秋Café」是一家讓我驚豔的洋食餐廳，坐落在富良野北之峰飯店區（近富良野王子飯店）。原本只是無意發現，不過進入餐廳之後，馬上被店內烤PIZZA用的石窯吸引，因為師傅在此認真烤著PIZZA的動作相當專業。

我點了一份咖哩飯、漢堡排的套餐，不知道是不是標榜著「富良野牛」的緣故，即使是漢堡排，那牛肉可真的是好吃得沒話說，看看別桌客人陸續的點著PIZZA，加上烤PIZZA的香味一直從烤爐中飄來，有點後悔沒有嚐一下PIZZA的美味。不知道是不是富良野、美瑛的人要常常播種、下田、從事勞動，我總覺得這裡的洋食份量特別多，不一會就吃飽了。

美味的食物，優閒的時光，我會永遠懷念北海道的洋食館。

店家資訊

地址：富良野市北之峰町3番38號
電話：0167-22-5752
營業時間：11:30～15:00；17:00～2100
公休日：星期二
網址：http://www7.plala.or.jp/bakusyu/

Land Café。

美瑛丘陵裡的小確幸

這幾年旅行時，常常聽到有人提到「小確幸」。什麼是「小確幸」？小確幸，是指生活雖然簡單、微小，但卻清楚地擁有很確實的幸福。

「如果沒有這種小確幸，人生只不過像乾巴巴的沙漠而已。」日本作家村上春樹曾這樣說過。

某一年的5月，開著車，我和老婆來到美瑛北邊的丘陵；在「柔和七之丘」附近，無意間找到「Land Cafe」這家小小的洋食館（德式家庭料理）、咖啡館。一進門就有親切、舒服的好感，個子瘦瘦、秀秀氣氣的老闆娘很客氣地跟我們打了招呼，還跟我們說吃完飯可到餐廳後面的花園、農場走走。

店裡頭有家的感覺，溫馨、舒適、小巧、乾乾淨淨。因為老闆是德國人，所以這裡提供道地的德國料理、糕點、麵包與咖啡，除了好吃的德國香腸之外，沙拉、馬鈴薯也相當新鮮可口。我輕鬆的在此消磨了幾個小時，一點壓力都沒有，這個小店，有股神奇魔力，讓人捨不得離去。

不管四季何時造訪，美瑛的農場與丘陵總是如此神奇，能讓人放鬆、沉澱、恢復疲勞。有規律的作息、簡單的生活，還有新鮮健康的食物，人生如此似乎也就夠了。

這才是生活中的小確幸。

▶ **店家資訊**
地址：北海道上川郡美瑛町美田第2
電話：0166-92-5800
營業時間：10:00 ～ 17:00
公休日：星期二、星期三
網址：http://www.k3.dion.ne.jp/~landcafe/

229

必嚐好味。

甜點・冰淇淋・水果

北海道甜點。

到小樽品嘗超人氣甜點

認識我的朋友都知道，我算是很愛吃的旅遊作家兼領隊。來到北海道，不得不說，這裡的甜點真的是達到「世界一級」的水準，即使是不常吃甜食的我，也抵擋不住北海道甜點的誘惑，新鮮的食材、純淨的水、加上引以為豪的牛奶、乳酪，難怪這裡的蛋糕、麵包、甜點、巧克力都好吃到無法抵擋，讓人一口接著一口，欲罷不能。

要品嘗北海道甜點，最著名的地方，應該首推北海道的小樽，這裡有三大甜點品牌，不管是日本、還是台灣女孩，甚至全世界的大小朋友，應該都想要擁有、無法不愛。

Le TAO小樽洋菓子舖。

怎麼有如此美味的巧克力？

LeTAO在小樽出乎意料的有五家店舖，而總店就座落在堺町通商店街的尾端（十字路口）。LeTAO本身是專業巧克力店，有著各式各樣的美味巧克力提供客人選購。

雖然不愛甜食，但巧克力卻是我的最愛之一，因此每回一到小樽，我都會到堺町通的LeTAO報到。在這裡，店家會大方提供招牌巧克力「皇家山峰」來試吃，這可是可可亞加上大吉嶺紅茶完美結合後，所製作出來的經典巧克力，每次吃完，都有種欲罷不能的感動，「怎麼有這麼好吃的巧克力呢？」

一邊感動於巧克力的美味，一邊感激店家的慷慨大方！

其他如需要冷藏的「綠色葡萄巧克力」也相當好吃，濃濃的白巧克力加上淡淡的葡萄果香，真是別具巧思。此外，可愛玻璃瓶造型的牛奶布丁也是人氣商品，往往開賣沒多久，到下午就銷售一空了；雖然只是個布丁，卻有細心的製作，最上層是有著牛奶香味的奶酪，第二層是香濃卡士達醬，第三層是軟嫩的布丁，底層則是糖漿和香草粒。如此用心難怪搶手，所以想要品嘗美味動作不能不快啊！

店家資訊

地址：小樽市堺町7-16（小樽本店）
　　　小樽市堺町4-19（Le Chocolat分店）
電話：0120-46-8825（免付費）
　　　0134-31-4511（Le Chocolat分店）
營業時間：9:00～18:00（因季節會有變動）
公休日：無
本店設施：1樓甜點販售舖、2樓咖啡館
網址：http://www.letao.jp

北菓樓・小樽本店。

體驗美味的「夢不思議」大泡芙

北菓樓、六花亭、LeTAO本店，就在堺町通商店街的尾端，彼此相距不到數百公尺，也是所有介紹北海道甜點書籍、雜誌必定推薦的知名甜點店。其中，「夢不思議」大泡芙、「妖精之森」年輪蛋糕等，都是店內的超人氣商品。

我自己的最愛是「夢不思議」大泡芙。又薄又脆的泡芙皮，包裹著甜而不膩的香草奶油內餡，好吃到讓人幾乎要飛上天了！這應該是我這輩子吃過最好吃的泡芙！好幸福，好滿足啊！

除了大泡芙之外，店內的冰淇淋也是大家搶著買的人氣商品，我想，連不愛吃甜食的我都有如此大的感動，也難怪北菓樓的生意，一整年都好的沒話說啊！

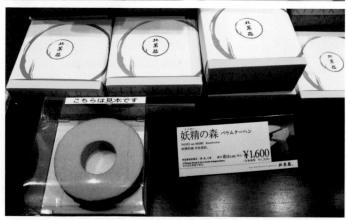

六花亭・小樽運河店。

最熱門伴手禮名店

創於1933年，前身為日本第一間白巧克力創始店「千秋庵」，在1977年將店名改為「六花亭」，取名源自於雪國北海道的雪花結晶，就像是六角形的花朵。

來自十勝的六花亭是北海道伴手禮中最受歡迎的店家，大家都推薦的「マルセイバターサンド」是夾著蘭姆葡萄內餡的餅乾，很難讓人抗拒。要注意的是保存期限短，無法久放，只能放寬心，能吃多少就買多少，吃不下的就只好下回再來吧！

▶ **店家資訊**
北菓樓・小樽本店
地址：小樽市堺町 7-22　　電話：0134-31-3464
網址：http://www.kitakaro.com/
六花亭・小樽運河店
地址：小樽市堺町 7-22　　電話：0134-246-666
網址：http://www.rokkatei.co.jp/

北海道冰淇淋。

無論哪裡賣的都好吃

如果我說北海道冰淇淋，到處都有，到處都好吃，會不會有點太隨便評斷的感覺？可是，我是真的覺得北海道冰淇淋，到處都好吃啊！因為水質好、土地無汙染，北海道的乳製品一級棒，相關的商品如冰淇淋、牛乳，也因此十分美味。著名的冰淇淋是十勝的冰淇淋，可以在火車上品嘗到，車掌小姐也會拿著冷凍的小箱子，逐一詢問。

富良野的「哈密瓜冰淇淋」、小樽的「六色冰淇淋」，都是北海道地區人氣很高的冰淇淋，不過按照過去的經驗，只要天氣一熱，冰淇淋的生意自然好，大家搶著買啊！

同場加映。

別錯過北海道的玉蜀黍、哈密瓜

北海道好吃的水果，大名可是不輸北海道冰淇淋的。富良野的哈密瓜、美瑛的玉蜀黍、馬鈴薯，都是美味的代表。當夏季來臨，富良野的哈密瓜真是汁多味甜，連團員們也大呼過癮。

在炎熱的夏天裡，來一顆透清涼的哈密瓜，絕對是一種完美的享受！

237

鐵道為首選

北海道幅員廣大，加上冬季有雪，建議做長途旅行時盡量以鐵道為主要交通工具，不僅舒適、安全又便利。短途旅行則可搭配各地的巴士、計程車或租車自駕。特別要提醒，租車自駕請避開冬季有雪的路段或時間，畢竟積雪、結冰的路面不好駕駛，大風雪來時更不易掌握路況；冬季最常發生車子打滑、翻車等事故，切勿掉以輕心。

善用北海道鐵路周遊券（HOKKAIDO RAIL PASS）

北海道最輕鬆、最方便的旅行方式就是來趟鐵路之旅了。JR北海道也針對外國觀光客，推出分為3日券、5日券、7日券和任選4日暢遊券四種類型。可在海外買好兌換券或是直接到日本買的兩種方式。前者是向台灣旅行社買，台幣計價；後者是在日本買，日幣計價。可自行選擇最划算的方式；我會建議先在台灣購買兌換券，再到JR北海道車站的指定車站兌換比較節省時間。

函館新幹線2016年通車

因應2016年3月北海道新幹線通車，JR北海道與JR東日本兩公司，在2016年4月聯手推出了等於是原本的JR東日本通票，再加上北海道區域的周遊券：JR東日本‧南北海道鐵路周遊券（票價2萬6千元日幣）。遊客可在包括札幌、函館、新千歲機場在內的南北海道地區，以及包括東北地方在內的東日本地區，無限次搭乘新幹線和特急列車等。在發行的14天中可任選6天使用，地區涵蓋東京、仙台、青森、函館與札幌之間。南北長征有了原有的新幹線，再搭配北海道鐵道，把在日本、北海道旅遊的便利性、多樣性、廣度與深度大大提升了。

注意事項▶ 「北海道鐵路周遊券」和「JR東日本‧南北海道鐵路周遊券」都只限以「短期停留」身分入境之外國觀光客使用；使用說明與兌換地點，請參考以下官方中文網站。

1. JR北海道‧官方中文網頁
http://www2.jrhokkaido.co.jp/global/chinese/index.html

2. 北海道鐵路周遊券（使用說明）
http://www2.jrhokkaido.co.jp/global/chinese/
railpass/rail01.pdf

3. JR東日本‧南北海道鐵路周遊券
http://www.jreasthokkaido.com/tc/

北海道機場的選擇

新千歲機場（新千歲空港）是我最建議的北海道出入機場，主要理由是飛機班次多、選擇多、交通也還算便利，不管到札幌、函館、旭川都還算方便。更棒的是機場內部又有眾多餐廳、拉麵街、美食街、伴手禮專賣店，怎樣都不會有候機無聊的問題。新千歲機場是札幌市的主要機場，也是日本國內面積第一大的機場。一樓是國際線與國內線的入境大廳，二樓則為出境大廳。機場餐廳、商店與各航空公司貴賓室則設置在三、四樓。新千歲機場國內線航站的地下層則設有由JR北海道所經營的「新千歲機場」車站（新千歲空港駅），有機場專用快車與札幌、旭川等鄰近的主要城市連結。從機場搭火車至札幌車站約40分鐘到達（快速列車），約15分鐘一班。

函館與旭川機場則是地區性的小機場，國內航空公司亦有固定班次飛往，但並非每天都有航班，旅行前建議與各家航空公司確認好班次時間。飛往函館與旭川機場的好處是可配合自己的北海道行程，節省搭乘鐵道或開車自駕遊的時間。函館機場到函館車站（函館市區）搭乘巴士約20分鐘；旭川機場到旭川車站（旭川市區）約40分鐘。巴士時刻表可至機場官網內查詢。

主要城市的交通

札幌市區交通

札幌是北海道第一大城，光靠兩條腿是無法玩遍這個城市的，必須要靠大眾交通工具。「札幌駅」為最主要的交通樞紐，利用JR北海道的鐵道網就能快速到達函館、旭川、帶廣、釧路等地；車站西口的「觀光案內所」（旅客服務中心），提供最完善的北海道觀光資訊，且中、英文都說得通。至於在札幌市區內移動，我最常用的交通工具是：地鐵＋計程車。當地計程車起跳約550～580元日幣，不懂日文的人直接寫「漢字」（中文）應該就能跟司機溝通。

札幌地鐵涵蓋範圍很廣，而且地鐵「南北線」的札幌站、大通站（大通公園）、薄野站、中島公園站幾乎是我用餐、購物的地方。若想搭巴士，札幌車站的北口外就是巴士總站，也可多加利用。不過，札幌冬日溫度低，路面常結冰、積雪，建議還是儘量利用地下街、地鐵較為溫暖、方便！若只在札幌市內行動的話，目前有「地下鐵專用一日乘車券」（830元日幣）和僅限周六日與例假日使用的一日乘車券（520元日幣）。

旭川市區交通

雖然旭川是北海道僅次於札幌市的第二大城，但第一次來到這裡的人，可能會訝異市區的小與人口的少（只有30萬左右）。旭川晚上的夜生活大概就是餐廳與居酒屋，而且路上的行人極少，附近最著名的景點是「旭山動物園」和「雪之美術館」。因為市區不大，所以市區交通方式建議步行＋計程車就可。

函館市區交通

相較於旭川市區，函館就好玩、特別許多了。最熱鬧的地方首推森林倉庫區，再來就是函館車站旁的「函館朝市」區、五稜郭公園區、領事館區（緊鄰函館山）。若想輕鬆串起各景點與區域的方式，絕對是搭乘市區的路面電車。雖然函館市區有巴士可搭乘，但對我而言，日本各地的老火車、老電車總有種說不出的情感與懷念，所以仍建議購買「函館市電一日乘車券」（600元日幣）來慢慢體驗市區的路面電車；在充滿異國風情的地區搭乘特別有味道。若配合市區巴士、計程車，遊玩的機動性將大大提高。

小樽市區交通

基於我旅行小樽多年的經驗，小樽也是屬於「步行」就可逛完的地方，當地也有巴士、計程車可利用，走累了，計程車就成了我的好朋友。如果要到小樽近郊著名的「天狗山」滑雪＋搭纜車看夜景（北海道三大夜景之一），可利用小樽車站前的巴士前往。必須注意的是，纜車並不是全年開放，營業時間在每年4月至11月初，以官方網頁公布的時間為主。

▶ DATA

新千歲機場（中文）
http://www.new-chitose-airport.jp/tw/

函館機場
http://airport.ne.jp/hakodate/

旭川機場（中文）
https://www.aapb.co.jp/tw/

札幌市交通局（含地鐵＋路面電車資訊）
https://www.city.sapporo.jp/st/

札幌市中文地鐵圖下載
https://www.city.sapporo.jp/st/chinese/documents/rosenzu_ch.pdf

旭川市資訊
http://www.city.asahikawa.hokkaido.jp/

函館市觀光資訊官方網站（中文）
http://www.hakodate.travel/cht/

小樽市資訊
http://www.city.otaru.lg.jp/

小樽市天狗山官方網站
http://www.ckk.chuo-bus.co.jp/tenguyama/summer/ropeway/

北海道

的幸福休日

全新修訂版

作者	傑利／Jerry Cheng
責任編輯	蔡穎如／Ruru Tsai, Senior Editor
封面設計	Elsa Lin
內頁設計	林詩婷、Elsa Lin
行銷企劃	辛政遠／Ken Hsin, Marketing Executive
總編輯	姚蜀芸／Amy Yau, Managing Editor
副社長	黃錫鉉／Caesar Huang, Deputy President
總經理	吳濱伶／Stevie Wu, Managing Director
首席執行長	何飛鵬／Fei-Peng Ho, CEO
出版	創意市集
發行	英屬蓋曼群島商家庭傳媒股份有限公司城邦分公司 Distributed by Home Media Group Limited Cite Branch
地址	104 臺北市民生東路二段141號7樓 7F No. 141 Sec. 2 Minsheng E. Rd. Taipei 104 Taiwan
讀者服務專線	0800-020-299（週一至週五 09:30～12:00、13:30～18:00）
讀者服務傳真	（02）2517-0999、（02）2517-9666
E-mail	創意市集 ifbook@hmg.com.tw
ISBN	978-986-93771-1-9
版次	2016年12月二版1刷
定價	新台幣360元／港幣120元
製版／印刷	凱林彩印股份有限公司
城邦書店	城邦讀書花園www.cite.com.tw 104 臺北市民生東路二段141號1樓
電話	（02）2500-1919（營業時間：09:00-20:30）
香港發行所	城邦（香港）出版集團有限公司 香港灣仔駱克道193號東超商業中心1樓
電話	（852）2508-6231
傳真	（852）2578-9337
E-mail	hkcite@biznetvigator.com
馬新發行所	城邦（馬新）出版集團
地址	41, Jalan Radin Anum,Bandar Baru Seri Petaling, 57000 Kuala Lumpur,Malaysia.
電話	（603）9057-8822
傳真	（603）9057-6622
E-mail	cite@cite.com.my

國家圖書館出版品預行編目（CIP）資料

北海道的幸福休日／傑利著．攝影 . --
二版 . -- 臺北市：創意市集出版：家庭
傳媒城邦分公司發行，2016.12
面；　公分
ISBN 978-986-93771-1-9（平裝）

1. 旅遊　2. 日本北海道

731.7909　　　　　　　　105018894

◎書籍外觀若有破損、缺頁、裝訂錯誤等不完整現象，想要換書、退書或有大量購書需求等，請洽讀者服務專線。
◎本書刊載的資訊，如周遊券、票價等交通費用，或營業時間、活動資訊等，以作者執行、編輯部調查截止日2016年11月底為依
　據，實際情況依當地提供資訊為準。